U0661247

尘落在大海上

张珂 著

长江出版传媒

长江文艺出版社

目　录

第一辑　尘落在大海上

目录

第二辑　光长进暗影里

第三辑 安静地爱这个世界

第一辑

尘落在大海上

抒　情

一

天假以年，
万里路。
从一粒沙
到瀚海；
从一丝风，到云，
到天空；
从一片叶，
到葱葱莽莽，
我将倾尽
我的心。

二

你期待的永久
是什么样子？
是思念的样子，
无数黑夜、白昼
相隔的样子；
是无限祝福，
海，星光；

是你无所弃，

无所不包，充盈。

心外别无宇宙。

三

我感觉可以无限海，

无限陆地

去爱一个人；

可以雨、花、叶、

翩翩的雪

去爱一个人；

可以枯涸中泉，

衰败后绿

去爱一个人；

可以无限期，

又一个无限期

去爱一个人。

2019.8

祖　国

有时隔远了，
似乎变得很近。
有时孤寂了，
今日变得欢腾。
我们从遥远、
荒僻的山
走来。
我们从乡野，
寂寂无名的村庄
走来。
我们破除空洞的呼喊，
一切繁文缛节
走来。
我们单纯，
是泥土、草、树木、
你培植的根。
我们是浩荡江河，
你飞溅的流沫、花。
有时隔远了，
似乎变得很近。
有时微小，
却因你

而伟大。
有时光荣，
我们继续
祖辈的荣光。
祖国，你是刚的父亲，
柔克万物的母亲。
你是平等的心，
无论贫富、贵贱。
你是我们散落的
磅礴的梦，
是辉煌之上
又一种辉煌。
民族曾经无畏，
人民如今无悔。

2019.10.1

冬 雨

冬雨粉碎了冬天。
枯叶枯黄了大地。
纷飞与沉滞，
掩埋和深藏，
生命去留。
一万片湿雾
是一万片光。
一百次退败，
是一百个春天。

2019.11

爱如持久的……

爱如持久的秋天、
冬天。
生活破败的叶
飞散。
爱如炽烈、怯怯，
永恒的春天。

2019.12

暗　影

暗影落在
大地上。
尘落在大地上。
雪花和雨点、风。
你投掷自己
在大地上。
厚重和广博
如联翩梦的成熟。

2019.12

无　题

像黄叶

堆积的梦，

像衰草

枯白的梦。

春光和夏

凋落在里面。

爱空空，持久，

浩大。

一颗心装满的天空、

海。

2020.1

西 五 路

静得没有一丝风。
柏路空旷，
春光里一面
深蓝的镜子。
迎春花开。
柳枝还未完全
娇黄。
河道斜斜地，
靠近又离开
一个个村镇。
还没有更好
或更坏的消息。
朋友在他们的世界里，
正寻觅
或接受幸福。
往事但愿一缕烟，
无声地说声祝福，
然后离去。
在现在的微小里，
我想念微小的宇宙。
存在，生活。
我看到的，是赐予，

我听到的，是赐予。
世界从未剥夺
至一无所有，
从未抹灭
你轻轻、饱足的美。
一只喜鹊飞去。
一只蝴蝶
能承载整个春天。

2020.2

初　春

一

此刻停留。
细柳，微花，
万顷光。
此刻每粒尘，
光明地裸露，
光明地行走。

二

你隐藏的，
是你想望的，
你未吐露的。
春天浩瀚而
无言。

三

春天里，
可以更爱一点，
更娇软一点，

更浓烈一点。
巨大静寂里的
狂欢。
每一朵花
孤独绽放的海。

四

春天，你默默说的话
会实现。
闪亮地全新。
你没一点污渍、
斑点。
你姹紫嫣红。

五

有时春天，
盛大的孤独，
你微小的欢乐。
一片原野，
涌入另一片
原野。
一条道路，追逐
另一条道路。
不停歇的光

与雨。

风不停歇的生命。

2020.3

六

天安置我何处?
流风吹动,
流沙漂浮。
我放逐心,放逐梦
到春天。
生命灼灼,
摇荡,去留。
我红色、粉白之轻,
我绿色之重。

2024.3

四　月

一

在你眼深处，
有宁夜、泉、
清晨的绿、
四月
桃红色的云。
一条河代表
你的愉悦。
一阵鸟鸣
冲散烟雾。
你说风的腰肢、
杨柳的腰肢
柔软。
你说每条路，
每片原野、每个人，
舒卷自己的
远方。
幸福是有
银鳞的鱼，
是跳舞的水草，
是从春天
涌向夏天。

二

怯怯的绿、
粉色，桃花，
怯怯地凝望。
春天狂暴后的
宁静。
风行遍大地的
温顺。
爱阳光，无声，
爱雨，悄悄摇落。
静静待着，
便是美好。

三

风忘记
自己的歌唱。
雨忘记自己的
滴落。
草在生命里
荣枯。
河水流过
天边的云。

四

风撕扯我

离去。

平原，奔马。

风撕扯绿，

白白日光。

五

在春天的中央。

在大风、

嫣红姹紫的

中央。

随风飘摇，绿舞。

在盛大夏天的

中央。

六

浩瀚、无波纹的天。

蓝。

风在摇晃

香槐树。

风跨过矮墙。

2020.4

孤　独

一

期待一场大雨。
我是破碎的
行云。

二

天空在湛蓝湛蓝中
孤独。
万里无云的孤独。
光的孤独。

三

你是闪电的女儿。
你是雨的女儿。
你是远方。

四

大地是孤独的，

孤独而幸福。
远远飘荡的春天，
喧嚣的春天，
斑斓的春天。
大地曾在
无限沉寂里做梦。

2020.4

自　白

我是一条溪流，

洗濯自己，

浮渣，碎屑，遗忘。

我是更孤独的明天，

更孤独的幸福。

我是沙土路上

摇荡的树叶，

树叶上

一面光亮的天空。

我是轻浮的云，

乌沉的云，

我是一场雨

崩塌宣泄。

我是青青草地，

老朽的树干，

更青青的心。

我是扑灭的秋天，

大地寂寂。

漫天白雪外

更多的苍凉，

冬天硬壳外

更温柔的热。

我是无数次衰败、
阴暗、卑琐。
我想春天的暖，
壮怀激荡的春天，
无处安放的春天。
我是一根草茎，
随风折断。
我一座山
火热的风雨，
破碎的风雨。
它耸峙的
万里晴光。

2020.4

五　月

畅游的是鱼。
无限飞起的
是鸟。
湖泊，道路，
原野。
月季星星点点。
绿色托起天空。

2020.5

无　题

一

空无，
你又填满了。
你走出去，
旷大的孤独，
旷大的无限里。

二

想陪你看
星星火，
想成为
星星火。
一颗温柔石头的
爱情。

三

特立独行得
很狼狈。
特立独行得

光辉。

四

希望——
美。
失望——
你飘飘离去。
绝望拉回
最初的梦。
你浮画太多
残渣、碎屑。

五

生，坚强。
从一个泥坑
到另一个泥坑。
从一场沸腾
到又一场沸腾。

六

从潮湿，
到阴暗，
到光亮。
从污泥，

到我们挥洒的人生。

七

夏天，
你不再孤单。
春天
你同样想。

八

孤单你想望
天空。
一朵云
遇见另一朵云。

2020.5

夜

一

慢慢的，沉落的
是雨，
倾倒大地的
绿。
满满的夏天。
忘乎所以的
爱。

二

我渴望云生根，
树长久。
道路远行。
相望时
一片遗忘，
又一片遗忘。
万里奔腾
是一涓细流。

三

风轻轻吹，
花就开了。
一场雨
是整个掩埋的腐朽。
那无畏的、刚强的、
炽烈的、温柔的，
是新生的。
心试想
包裹大地。
你轻轻行走。

四

那明媚的，
不是夏天的光吗？
那清晨，风，
绿叶的轻摇。
那心
不是在一边伤痛，
一边舞蹈吗？
它吞没一切的
恢宏。
它也温柔地沦陷。

五

需要更多时间，
梦，思念。
我遮藏光，
默默炽烈。
种子长成秋天。
爱，滴成海。
我用整片原野，
整片森林聚集。
我用一场飓风
冲击岩石，
掀翻夜。

六

大地的荣枯
在我心里。
河流
在我心里。
翠色、红色、
金黄的梦。
白雪、纷飞的梦。
我一支鸿羽
飘荡，
　一片山谷

变得空寂。

七

一夜风雨
从窗前飞过。
尘世经年
掠过。
我爱的每一日，
我散落的
每一日，
我所感，我思念，
我无法填充更多血肉
于明天。
尘落在大海上。
翩翩光华
如乌有。

2020.5

初　夏

一

如果弃这闲杂
如尘土，
一切扰扰
如尘土。
我沉甸甸的麦，
正午，阳光。
我浓烈的绿。
我想烧透天际，
整个夏天。

二

永远不离去。
日子消磨。
生命，阳光，
雨。
像树木
永远不离去。
是一地尘埃，
也一路长新。

三

悬铃木外，
高天。
金黄麦上
高蓝的天空。
静寂奔腾在
空旷里。
微风拂过
一个世界。

2020.6

凝　望

风止息于一片叶。
磅礴江河、梦，
止歇于一颗
微粒。
小小的安宁。
庭院，水，
藤荫上
淡淡阳光。
万里天空
止歇于一次凝望。

2020.6

充　盈

一

一根草
安静下来。
江河水
喷薄而去。
漫漫时间
充盈我心。

二

一切安静的，
安静的，
安静下来，
舒展。
心的大地，奔跑。
天际上
永恒的流云。

三

荡荡在

哪个时代？
沉寂在
哪个时代？
古今
同一途。

四

你微粒是花，
是静止的光。
原野和空旷
之上。
掩埋和尘灰
之上。

五

残缺的，
丢在大地上，
让它滋荣。
风雨飘摇而去。
光在季节轮转里
浸透。

六

自由自在，舞。

忘记如何
喂养自己。
枯涩，孤寂。
一个时刻
碾压另一时刻。
忘记时间
结成血肉。
沉积，遗忘。
你爱得纯粹，
失落得坚强。

七

可能
每时每刻死去。
活在
每时每刻。
狂暴中
一粒沙。
万顷静止中
一缕光。

2020.6

鹤

一

鹤一样孤独。
灰色、拍动的翅膀。
鹤颈长长地
隐没暮色。
鹤飘落村庄、
原野。
鹤用最无声的舞步
行走。

二

人群中，
我仍然看到鹤。
鹤巨大的翅膀
拂过。
它晶亮
而不是浑浊的眼睛。

三

整个夏天，
我等待清凉，
等待鹤。
鹤翩翩飞舞，
雨中，田野。
这淋漓的雨，
鹤嘹唳的歌。

四

鹤飘荡，
它活着。
鹤沉落，
一块石头。

五

鹤想云
空旷、荒废的自由。
鹤驻扎
深深梦里，
徘徊不离去。

六

柔软
而不会破碎。
轻盈
而不会坠落。
鹤栖息
无边的寂静，
无边清影中的
大地。

七

炭火与狂热，
鹤是陌生的。
鹤拉长的
绵绵的爱。

八

鹤是我的
宠物。
心宠爱梦。
苍鹰和兀鹫
生硬的翅膀。

九

一行程
又一行程。
一番风
吹过原野。
鹤，飘落芦苇地的
一片云。

十

浓浓的香尘，
醉舞的火。
一只
远离的鹤。

十一

鹤托起
我的影。
鹤由灰
到白。

十二

城市与街道、

与原野、与湖、
与天空，
鹤舞过，
不着痕迹。

2020.7

初 秋

一

我把爱

埋藏那儿。

我把白雾

埋藏那儿。

珍珠的梦。

枯黄、衰翠的梦。

我是秋光

劈开的大地,

万里天空

化不开的湛蓝。

二

是的,夏天过去。

就让雨

回归雨,

日光回归日光,

青草回归泥土。

风在林地盘旋。

树叶鼓荡

秋天的气流。
那所有飘零的，
飞散的，
曾驻扎
我们梦中。
我们占有开始，
忽略结束。

2020.8

城　北

一

杨树和蝉。

四面吹来的风。

玉米、大豆、野地。

要一直安静、

衰老下去，

一个人衰老、安静。

无论露台上星光，

无论白昼，

阳光和雨降临。

无论过往

曾怎样浑浊、翻腾。

二

在一个城镇

北面，

在喧嚣、匆遽，

快闪的北面，

我穿过枯寂生存。

乡村和田地，

一路向北，更向北。
我扫荡浮尘
清亮的日子。
我走过街巷。
我在露台上看天，
渺远的夜、星光。
不可得
与无所失。
我愿挥霍、
耗尽我的爱，
盲目、无名。
我无所爱了，
或爱上全部，
一点一滴。

三

痛苦，孤寂，
老去。
一些根
被掘断。
一些游丝
拂落。
草默默生长。
树默默庇护村道、
原野。
我筛落记忆、爱情、

沙粒。
乌有中我画出
空阔的海。

四

百年孤寂了，
万年孤寂了。
荒凉大地。
我想把天空
装入海，
把海装入心，
把心
空缺给明天。

五

十年的时间，
我做一个梦。
它荒废了。
我衰老、
执拗的血肉。
我从尘土
到土地的距离，
从浩茫茫
到江河。

2020.10

雪

一

薄薄的绒羽，
薄薄的花，
漫天灰蒙，飞。
整个世界铺展，
安静。
我欠什么
一个拥抱，
一张笑脸。

二

破落的，捡拾，
丢弃。
你漂于
完整之上，
漂于涌流之上。
有时你单单
剩下自己。
你打开
通向四面的风。

无所附着，
又凭依一切。
有时你单单爱，
安安静静。

三

我期待一个
盛大的降临，
雪后的春天，
破落后的春天。
我暖暖地看天、
看云，
用花、用叶、
用它们
暖暖的眼睛。

2020.12

原　点

大地如我

一般空荡。

大地如春天

一般盈实。

一阵风吹散了。

你默默地撤回，

撤回。

无所得，

无所失。

你沉思着

穿过所有原点。

2021.1

恋　歌

一

节日里人们是
欢乐的。
你在我心中
是欢乐的。
生活美丽地展开。
光秃的树、街道，
早春，
美丽地展开。
我愿深陷在
遗忘里，
陌生里。
我看你安详走动，
天与地。
你随手放出
安详的蝴蝶。

二

春天落在你身上，
落在你

眼睛里。
花朵在微风里，
在清寒里
绽开。
轻轻走动。
大地听取的
一片静谧。

三

春天会斑斓下去，
会俗滥下去，
到浩瀚、
明白的夏天。
你清水一样，
天一样，
静寂的大地
一样，
开始胜于万般美好。

四

我想反反复复，
徘徊游荡，
这个城市。
我想种你的影子
在心里，

在江河，

从春天，到夏天，

直到冬天。

五

明天的明天的

明天，

我就见到你。

我想风一样

风一样飘浮，

无形迹。

早春外

清亮的日光，

一棵等待

喷薄的树。

六

我走最远的路，

我爱最长的

时间。

一缕风

拂过你。

一片海

遗落你身边。

七

雪花飘落
你身旁，
无声无息。
春天里杏花、
桃花。
每一季我爱你。
最好的方式
来到，
最好的方式
离开。

八

有时太空洞，
太漫漫，
生活沉重的
轮轴。
我想你一片花瓣
绽开，
一只蝴蝶
飞越大海。

2021.2

独　酌

一

我的心，
星星吹落了。
一粒尘
淹没在大海。
我的爱吹向草原。
一千年
寂寞的风。
岩石长成
天空的模样。

二

星群迷失了，
它是整个天空。
天空是整个
迷失的星群。

2021.3

祖　国

可以干干净净地爱。
爱祖国，
爱祖国的土地，
爱人群，
爱海棠花开的春天，
白光灼灼、
宁静的夏天，
爱从秋天到冬天，
相遇了又离别，
离别了
再不相遇。
可以干干净净地爱，
自由地爱，
无负重地爱。
你一腔喷洒的
是漫漫草原，
海洋上
滚滚碧涛。
你爱过了，
又匆匆逝去。
逝去了，
风轻轻吹过百年。

2021.3

无　题

一

就凝缩在里面，
就浸泡在里面。
你是盛大的绿，
寂寞、
残灭的春天。
白色平原，
夏日之海。

二

绿的光，
绿的风
摇曳。
麦地远去了，
道路远去了。
我无声到六月，
到呐喊，
到金黄。

三

爱情残灭了，
在心中。
爱情更大的种子。
它一棵树的苍翠，
一棵树的
孤独。
它一片平原，
在四月、五月，
空空摇荡自己。

四

以漂的方式，
以浸泡的方式，
忘记火，
忘记锐利
和尖刺。
生活磅礴地摇晃。
我静静听取
一切风暴。

2021.4

独　酌

一

飘浮于万尘之上，
完整于破碎之上。
一切静静地，静静地，
望穿千年。

二

我所爱的，
我深爱的。
往事川流而去，
大海停留
我面前。

三

街道融于
我心上，
我和城市，城市。
无数时日消亡了，
我停留于一瞬，黎明。

四

雏菊，雏菊，
在风里。
她等待的是万千，
是整个初夏。
她只等待
一点点。

五

玫瑰爆裂
她胸怀。
初夏整个
在眼前。
你无保留的全部，
无处燃尽的
青春。

六

可以爱的，
可以爱的。
沧海渺于
一粟，
世界归于浮尘。

你热烈烈

爱一个夏天。

你抹灭无数冬天。

2021.5

独　酌

一

那磨灭不了的
存活下来。
风奔向大海。
沙粒慢慢
旋转的星辰。

二

你沉落时间，
沉溺时间，
本真如赤子
虚耗。
空空草原上
浩瀚的夏天。

三

想想离别，
在另一场梦里。
一滴露盛满的

清晨。
一丝宁静
安抚的荒芜。

四

那遥远的，
伸手可触。
近在咫尺的，
划出一片海洋。

五

男儿何必带吴钩。
长河空空
奔向海。
我安静的、
安静的
大地。
一棵树
丰盈的影。
一片麦地
抖落火焰的夏天。

2021.6

假　期

一

我想穿过那个假期，
想，无限地接近。
夏天白色的街道，
浩瀚的大海，
夏天安静的树荫。
我身上破损的
慢慢复原。
我把原点
称为终点。

二

生命没有真正的
空无。
你等的时间，
你空想的时间，
从春天，到夏天，
到冬天。
你织进透明的血肉，
织进谦卑的心。

那风暴所劫掠的，
世俗冲刷、洗净的，
你单单想，
放大到无限。

2021.6

独　酌

一

波动与破碎，
大海和尘埃。
你挽不住的江河
奔向眼前。

二

无尽的，无限的，
你的心到无尽的
距离，
到无限的距离。

三

风撼不动的夏天。
雨离别。
田野低低的，
低低的。
我散落，灼烧，
一片清澄，天空。

四

我沉落下来，
大海上一粒浮尘。
我常常想，
常常凝望，
这世界，
大海上一粒浮尘。

五

爱，浩荡的，
爱，幽静的。
无数明天的明天。
无数大地
期待过天空。

六

你停留，
你爱，
你等待。
世界繁华如锦，
世界浩瀚如海。

2021.7

村　庄

一

长长的村道，
我只想清静下来，
看叶落。
过气的江河。
过气的夏天。
有一天我裸露全部根本
和期待。

二

玉米地
随秋天败落。
高粱地
随秋天败落。
大豆黄薄、
飘飘的叶。
你心浸满露水。
蟋蟀鸣叫，
穿透整个村庄，
整个陈旧。

三

我走过。
无为，卑微
和没落。
人们不屑于一种空荡，
一种狂想。
渴望与摘取的
巨大空缺。

四

喧嚣会磨灭。
世界会
磨灭。
时代滚滚的
烟尘。
我停留下来，
过度停留。
尘灰中清亮的眼睛
看穿自己。

五

我常常游荡。
我想认出大道、

集市、
老槐树、梧桐树。
我从那时失去了。
我纠结的重
曾如此轻。

六

往北，是我的家园。
南方是一场暴雨，
一场炽烈
阳光。
我烟火的街市，
烟火的人群。
我千百万日子
磨光自己。

七

爱，是可深种的。
轻轻河水
冲刷的。
我无名、
陌生的模样。
我无数岁月
摇摆的模样。

八

等那一天，
真纯的爱
降临，
大爱降临。
我千万次
熔于一点。
我炽烈烈
流淌千年。

九

悄悄石板，
泥砖墙，水楼。
我爱那里的云霞、
黄昏。
我是人们游走、
隐没的样子。
我心上千万遍
消磨，
千万遍爱恨
离合。

十

你所爱的，
真是全部了，
拥有
与未拥有的。
你可以一直破落，
破落下去。
你稚拙地守护，
狂热地挥霍
一切。

十一

有时宇宙、乾坤
是渺小的。
你绵绵的村庄、
河流。
你庄稼地四季的荣兴、
衰废。
无所求地充斥自己。
你想触摸那尘灰、星辰，
无名或无限。

2021.8

独　酌

一

大地缓缓衰老了。
白云千百年飘荡
它的年轻。

二

文字会千古，会年轻，
会衰老，会蓬勃。
文字飞离最初爱它的
那颗心。

三

英雄没有末路。
英雄辉煌
或毁灭自己。

四

耗尽了，

不是最后。
一半是青山，
一半是寥落的
大地。

五

白云千载
空悠悠。
我心杳去的
黄鹤。

六

时间的空壳。
你激荡的
星火。
你漠漠如沙。

七

那秋天干草，
露水打湿，
蟋蟀鸣叫的地方。
那夏天我可触到的，
白色、明净的幸福。
那我在想望里

灼热成灰。

八

飞蓬草，灰灰菜，
葎草，曼陀罗。
我愿缠结不清。
我耗尽夏天
到秋天。

九

你默默无闻到最后，
到最后，
你点燃火炬到
最初。
世间万般浮沉
如你相见。

2021.8

荣　名

一

走过荡荡浮名，
走过万水千山。
时间单薄的一张纸
燃尽。
你心满满的
红果。
你心寂寂青山。

二

欢笑里点滴。
寂寞
一长夜。
世间已万木
随风。
世间
万川归海。

三

振翅的，高翔的，

幽寂的，自己的。
腐草的，流萤的，
世事的，流水的。

四

你想最卑微地解救，
最卑微地
爱。
草从不错过
大地。
草慢慢离别的
秋天。

五

你高高地仰望。
你也低低俯视。
风奔跑的陆地。
云千变万化于
自己。

六

想芦苇草、毛杨树、
丝瓜花、南瓜花。
河水沸腾

整个夏天。
河水沉寂
全部岁月。
年少青春
不再得。

2021.8

秋

一

明天我们去采摘秋天，

放在你手中。

干草香空旷的。

明天叶纷纷落，

我们静谧的、金黄的。

爱，托起在心中。

二

整个秋天是温顺的。

无边地，悄悄地，

弹奏它自己。

我们坐满赤红的、

橙黄橘绿的斑斓。

我们坐满大地。

三

行经你那里，

圆满的秋天。

圆满后可能
荒凉的大地。
圆满后再无明天。

四

我们站在白杨树
中间，
白杨树用纷纷雨
回答我们。
我们的路这样静，
这样远。
我们无法打开
更多的自己。

2021.9

想　望

一

那持久的，
是秋天的木槿、
菊的金黄吗？
是玉米粉碎的秸秆，
清晨浮起的露水？
有时你沉陷了、
安宁了，
感觉支离了、
完整了。

二

总在这儿，
雕刻，垮塌，
奔流又
干涸。
你见识微小和空无，
海洋和荒漠，
莽苍苍大地
和金黄。

三

明天赋予的，
美和意外
赋予的。
温柔漂浮的光亮。
那无限想望
赋予无数现在。

2021.10

倩女幽魂

一

一阵风
可以吹千里。
一场风
吹灭。
我等待，
从未离去。
千年石头，
你莹洁的月亮。

二

破灭了，
你从无到有，
从黑夜到白昼，
从冷漠流逝
到浩荡时间，
从一点星火
到漫漫草原。

2021.10

城　市

一

给我完整的城市，
完整的桥、河柳。
一只鸟栖落的
天空。
一片温暖
穿过的长街。

二

停留下去，
停留下去。
秋天散落在
我心中。
我吻白杨树、法桐树
长长的梦。
流风、雪，
它们枯黄的年轻。

三

沉沉锚，

离别的海岸。
我满天星的姑娘，
小雏菊的姑娘。
我火火玫瑰
燃尽的夏天。

四

攀升，空气，
刻度，一瞬间。
我离弃的万水千山，
我沉寂的
江江海海。

五

明天是无尽的，
无尽的在，
沙漠无尽的绿，
心无尽的穿透
和狂欢。

六

没有什么是可舍弃的。
你完整的
饱满和澄净，

你咫尺的草际
和天边。

七

爱有一场梦
那样长，
一次败落那样短。
你听石头
遥远的声。
点点滴滴
爆裂成海。

八

时间飘落
宁静的沙。
我吻千古如玫瑰。
我对千古
如年轻。

2021.10

绚烂与孤寂

一

爱情迟留在心中，
雪。
朽落的、
凝结的火焰。
爱情埋没它的
滚滚长河。

二

一起舞蹈吧，
和烈风、白杨，
团团地旋转和覆灭。
一起长长地
呼吸于大地。

三

我和梦在一起，
空幻的全部。
我白日里

满满宇宙，
白雪大地，
火焰星辰。

四

写下去，
像爱一样长，
海上路
一样宽阔。
像无所不包的季节，
美，凋落一瞬。

五

我在这里，
抵过所有没落，
所有灰白，
所有轻轻悄悄的
离去。
我愿焚毁于
无限无限的明天。

六

一直到冬天，
到天明，

冰霜和枯叶。
一直到平原、村庄，
节庆的城市。

七

天意要一颗心迟留，
赤裸裸。
天意要一个世代，
又一个世代，
春天绚烂
又孤寂于眼前。

八

泥土的传奇。
散落
与爆裂的传奇。
沧海守候一粒粟。
离别守候
万般相遇。

九

你明亮地、柔软地、
温暖地
打开。

你想比春天
更多花朵。
你比春天
更像春天。

十

艺术是单薄的。
艺术被浓墨重彩
拖垮。
艺术在荒凉的大地上
写满春天。

2021.12

杂　感

一

我丢了一个盛唐，
我毁了两个全宋。
我静静地等，
等宁静的月光。
我把春天
装入满满枯槁的冬天。

二

百万才华
归于一片枯叶。
百万冬天
归于一个春天。
你怯怯的，微笑的，
绿潮翻动的，
宁寂的。

2022.1

事与愿违

你遭遇的事与愿违，
消磨进静静的
白日。
人群无声的，
又是欢笑的。
城市滚滚，鲜明的，
前进的。
你深藏的泪珠
凝成琥珀。
你心口无数潮生，
无数潮落。

2022.1

新　年

一棵带着光芒的
安谧的树。
我的心
绽放在里面。
无声地行遍大地，
无声地托起春天。
绿色，温柔，
狂野，爆发。
所有奔赴
都是明天。
所有相遇
皆是美好。

2022.1

二月十四日

一

弯弯的月
卧在冰河上。
夜是孤独的、
黎明的外衣。

二

之前和之后
不久。
相遇和迷惘间
不久。
电光石火般
长久。

三

那灯如市，
人如昼，
繁华在你一念间，
爱的完整后。

那冷寂寂、
玻璃镜的光树。

四

城市在车光中
拥挤。
时间胶着、
纷乱地四溅。
一颗星
到宽阔的距离。
我到
莽莽大地的距离。

五

那喧嚣的，
欢乐的，
粉尘的，
年轻的。
那重的，
我们通透的，
还是衰老的？

六

我可以爱

一百年的时间，
然后遗忘
一百年的时间。
我只想你
最初的相见。

七

我唱
祖国的歌，
也唱衰草的歌。
我在草壳里居住，
又爱过万里江河。

八

有时你遭遇
陌生的。
世俗和眼睛
是陌生的，
热血孤寂
是陌生的。
有一天，掀翻草原，
在天空种满星星，
是陌生的。

九

会怎样地澎湃，
又怎样离去？
祖国安稳在大地上，
安稳在它
梦中。
我们只是阳光、
雨、泥土。
我们是它全部青青
或金黄。

十

当你无所惧怕了，
你恣肆地绽放。
整个枯索的冬，
容不下
春的饱满。

2022.2

三　月

身会老去。
秋天、冬天
残破的金黄。
风摇荡枯干的
大海。
风触碰稚嫩的
春天。
风点亮它的年轻。

2022.3

东 四 路

从车窗看出去：
大路平稳的，宽敞；
前方明灰色的天空，
安详矗立的
城市；
成片的樱花丛、
榆叶梅、连翘丛，
绯红、粉色、
娇嫩的金黄；
悬铃木斑驳的干，
枝间皱缩的、
褐色的球果。
这便是平原，
我们的春天。
人生和草木，和花，
和自然
等同生死。
冬天曾怎样败落，
怎样枯干。
我们最美好的
在哪里，
它怎样得到，

又如何失去。

我们此刻是幸福的。

我们懒于拨弄过去，

触碰未来。

一点点暖，澄净的光辉，

我们愿沉浸

其中。

明天的淋漓、残破，

是另一种淋漓。

明天艳丽的辉煌，

是另一种陌生。

静享这

每一秒的永久。

每一份美好

都无可取代。

2022.3

杂　感

一

绿色安静下来。
繁花喧闹的。
明天，再明天，
我栽种夏天。
我整个浸透的，
炽白的，火焰的，
灰烬的。
我用生命
掂量不朽。

二

我想装满一条江，
又一条河。
我空空如也。
大风吹过
空寂的大地。

三

梦想等在那儿。
梦想要等我很久，
很久。
梦想轻狂地欢叫，
直到它沉实地，
沉实地，
抬头望云朵的轻。

四

没有什么是高贵的。
没有什么
是不可分离的。
你的心欢快地成长，
渴望
又饱足。
你的心微细的。
你的心有它
茫茫宇宙。

五

割舍一部分，
又爱一部分。

荒寂这个春天，
璀璨无数夏天。
你有时滚滚地
忘记自己。

2022.4

夏

一

我站在夏天里，
璀璨的绿，
年轻的风。
世界一层一层
铺展。
那痴心想望的
是幸福。

二

整日整日的，
把过去、暗影
埋葬。
夏天。
我在最核心的喜悦，
最核心的宁静，
最核心的富足。

三

你想望多久，

就爱多久。
破碎浮游的大海，
破碎浮游的空气。
你整合蓝白绿
和一。

四

什么能阻挡，
消磨，颓废，
你。
什么能万里的夏天，
沸腾的平原，
繁华的城市，
你。

五

等待的主题。
等待下去，
光分解成
夏天，
绿灼灼的
火焰。
欢乐拂落天空，
跳荡在
大地上。

等你浓浓的，
成为欢乐、幸福
本身。

2022.5

偶　遇

只有安安静静

想的时候，

我才是幸福的。

珍珠梅一样

闪亮的姑娘。

温柔倾倒的

时间。

我可以很远

又很近地爱。

草原一样

广阔的孤独。

夏日一样

飞腾的绚烂。

2022.5

安 居

就去那里生活，
安安静静地生活。
我把四季
拢入白云。
我用雨
冲刷清亮的心肠。

2022.6

祖　国

面对祖国，
可能微小的，
可能远离了，
可能炽热的一点，
爆碎所有平庸。
你无闻的、
空白的日子。
你无法使喑哑的
变得嘹亮。
浮华的，涂抹的，
枝蔓的，毁弃的。
你只想一个清亮的
中国，勇于成长，
蓬勃地、无悔地
兴盛。
你如春华秋实
败落。
你看祖国
一次次万象更新。

2022.6

浮　游

一

成功有多远，
败落
有多远？
我满满浮游，
空荡荡百年。

二

以为爱情，
它孤寂了，
灵感它荒芜了。
我无声地，
简单爱
这世界。

三

一阵风，
它飘走了。
一个个夏天

在心中凋落。
我总有百倍的，
黄金的——
梦，可笑地迟留。

四

你说远去的云，
江江海海。
你说一阵暴雨，
绽开你的存在。

五

触摸闪电的触手，
温柔的，
致命的。
你有时想不可及
而绚丽。

2022.7

青　春

一

短短的风吹掉。
短短的夏天。
于是我想十年，
十世纪，
寒武纪、白垩纪，
地球狂暴时
最初的宁静。
浮尘与光热
飞旋。
从无所期待，
无所拥有，
无所命定
与命出。

二

如果我有
几十亿光年的眼睛，
我视宇宙为朋友。
我看它抖落星汉

111

与灰烬。
它如何炽热
而温柔，
慢慢冷却
而安静。

三

想我的微小
与宏大。
微小与宏大
都不可见。
我点燃
又毁灭了。
我铺展
又飘荡了四季。

四

我修补爱情，
像修补心肺，
修补眼睛。
我绿化光秃秃的。
我想海洋，
沙漠的前世、今生。

五

风吹老了岩石，
吹老了我的
过去。
我和年轻开个玩笑。
我说层层绿，
层层雨，
堆积层层夏天。

2022.7

黑夜到白昼

一

我不能清晰地爱你，

像一棵树

不能明白地爱夏天。

一片海洋

落在我面前，

我不能拥抱它一分一毫。

二

越深远，

越深远，

我泅渡。

我珍珠心

被淹溺的梦。

三

我喜欢黑夜到

白昼，

我喜欢孤寂到夏天。

我假装被繁盛，
漫天绚烂
填充自己。

2022.7

倚仗

有时无可倚仗的。
你倚仗的才华、梦，
雾，消散。
你倚仗你静静挨过的
每个日子。
黑夜、黎明、正午，
你留心它们悄悄来，
悄悄离去。
你爱你穿过的村庄、
原野、流落的城市、
每一条街道。
你与人群
交错而过。
你爱他们，爱海浪
和欣喜。
你爱少女、笑、
鲜花。盛夏
无限地迟留，
无限充溢。
你想一个巨大的
实体，
你走过，你看，你触动。

密密簇拥，

新鲜装扮，

长长思忆。

你把温柔随身携带。

你想象你拙笨、滞后，

却富足。

2022.8

千 百 重

一

我通过长长的街道，
通过洋槐树
看天。
城市拥在我身边，
城市很近。
我沉溺于
一个混合的秋天。
禁锢的热
与白。
欲望吞噬与滋养
我的梦。

二

一个环
或结，
我囚困自己。
我缠绕千百重。
轻飘飘的绿，
灼烈的花。

被掏空的尘
和干涸的大海。

三

最高重，
最高一层，
我抛散了。
我淹灭的点点滴滴，
我浮荡、
凝想的日子。
生活铸我的血肉。

四

很想爱，
欲望变得温柔。
很想思念，
不想触动
每一天，
不想每一天
离去。

五

我剩余的，
我真正可以填满的，

我不甘
与所想的。
我曾在稻草上，
想我光辉的大地。

2022.8

行走的闪电

一

留下这个躯壳
装满明天。
青春虚耗在这里，
枯干在这里。
绿叶和百合花，
玫瑰和千日红。
肉体行走的闪电。
暴雨静静等，
又随时炸裂的瞬间。

二

灰烬是活的。
裸露是活的。
眼睛是明天。
沉寂是挥霍、
破败的昨天。

三

精神伪装成空壳，

伪装它装下条条
街道，
这个城市。
肉体冲击、
碾压我的黑夜。

四

肉体和闪电。
偏执和梦。
倦怠是粪土。
填满罗列的是星星，
我纷落的青春，全部。

五

你想的
和你爱的一样远。
你摸索珍珠的
沙粒。
你望穿星空、
凌乱的夏天。

六

我无法攀过
肉体之山。

我梦想涉过

精神之河。

七

于是我想百合之山，

玫瑰之山，

绿色肉体的城市。

我浆果成熟的

最初的闪电。

八

我把欲望

称作爱。

我把炽烈

称作爱。

我把横过海，

横过城市、火与白，

称作爱。

2022.8

欲 望

一

我在火山海的深底，
我在隧道的
无尽处。
眼睛是唯一遗留的光。
我抚触这世界。
我梦想那妖娆与
繁华。

二

我分不清的，
感知与存在。
花凋谢了，
没有记忆。
风吹过去，
浩瀚、
又空寂的海洋。

三

我等待缭乱。

缤纷

一刻不停留。

每朵行走的玫瑰，

是她独立的

宇宙。

四

可以爱所有，

又一无所爱。

可以贪念、留恋，

是青春。

2022.8

百合姑娘

一

飘动的
水的眼睛。
火焰。
百合的年轻。

二

梦开在心上。
睡莲。
你开在
柔软的水上。

三

风拉扯你
离去。
清凉、澄净的秋天。
风把红果的喜悦,
甜浆的喜悦
涂满你心。

四

爱你。世界娇薄的
小房子。
太阳娇红的
清晨。
你望得见秋天、
平原。
你把清凉、流溢的光
洗净。

五

我想青草的使命，
庄稼的使命。
我和秋天一起
奔向你。
清澈的，凝结的，
化不开。
风吹不破的秋阳、
湖水的表面。

六

柳树低垂的
道路。

杨树林的沙沙。
你轻吻过自然。
你爱过
所有秋天。

七

村庄、城镇、
我们的小房子。
你描摹过星辰、
城堡。
你最初的，
十万嚣尘之外。

2022.8

幸　福

一

秋天是我的爱人。
夏天过去，
我忘记夏天，
当下是我的爱人。
秋天开阔的苍凉，
开阔的清澈。
微黄的，橘红的，
树木单薄的轻，
飘向她眼中。

二

有一天你离开，
离开是最好的
寄语。
你爱过的都
圆满、久长、纯净。
你未触碰的，
轻轻飘坠、
迅速朽烂的叶。

三

很长很长的路，
不想离开。
秋天开敞的，
也是无忧的。
城市十万喧嚣，
在它脚下。
城市十万纯净，
在它心中。

四

一直爱下去，
到无所爱。
你穷尽地，
静静地热爱，
就是幸福。

五

我要去听，
我看。
无法惊扰的，
是我耳朵，
我的眼睛。

我在心中栽种宁静，
栽种幸福。

六

你想离善良、美好
更近一步。
你想宽解，
与自己宽解，
与一切纷杂
宽解。
你想明媚的爱，
是最好的救赎。

七

在那里深埋。
你离永远多远。
轻轻一次触燃
多近。

2022.9

爱 情 树

一

光
长进暗影里。
孤独长进长路。
秋天漫漫的离别。
枯叶雨
想敲击干爽的大地。
荒凉、清净
为安宁。

二

想一棵爱情树
穿过心中，
穿透白云的边际。
它拥抱的是徒然、
空阔，
还是凝缩、无限。

三

海空落了，

凝缩到一颗沙粒。
我的心默默，
风吹白一个秋天。

四

失败到孤独的
距离。
凝想到无限的距离。
我万千藏身
到莽莽大地的距离。

五

还有的，是等的。
我拥有的
支撑过去。
我的爱注满枯朽
和光明。

2022.9

时　间

我想时间
更慢一点。
我想爱得
久一点。
风暴缓缓的
清流。
琐屑和意外，
我研磨掉的
残破的秋天。
我想青春
它复原的力量。
万川幽暗地归海。
始于一颗沙粒，
归于茫茫宇宙。

2022.10

想

一

我梦想着泥土
会开花。
我梦想着朽木
会开花。
我全部的灰白
和虚耗。
我全部的明媚或不朽。
我用偏执一点，
点燃时间漫漫长河。

二

我想最深底的，
最深底的飘坠，
最深底的掩埋：
掩埋风、日光、雨，
掩埋秋天。
我安稳了。
我看狂想、执拗
衰朽着舞蹈。

三

想铿锵地活，
寂寞地死。
想碎裂成开阔
和烟尘，
烟尘和宁静，
风枯干的、
石头冷冷的白。

四

一把苇草
就能埋葬。
一棵水蓼
就能遗忘。
长长的复生。
长长的村镇、平原、
城市。
我用梦
连接开始和终结。

2022.10

日　子

我搜寻的、爱的，
只是琐屑的日子。
街道、白杨树、
连排的棚屋。
城市，高架桥外
青白的光。
豪情曾贮满
空洞的江河。
我温柔的、微小的壳。
我温柔的想念。
世界载满我
缓缓的绿皮车。
世界散落它的
质朴、美。

2022.10

在

一

在
还是不在？
败落多久
是衰亡？
冷冰冰
冬的牙齿，
硬的研磨。
雪零散它的
旷大、不朽。

二

穿过空间
漫漫长河，
穿过时间
漠漠狂沙。
我枕
太阳的暖。
我想看每一日、
每一日，

饱满的每一滴、
每一秒。

三

我喜欢太阳
狂欢的地方，
狂欢于整个
漠漠的冬天。
我喜欢种植、生长，
生长、种植，
每一季，每一季。
毁灭是不朽
衰微的奴隶。

四

身体可以穿过
太阳、星星，
它灼热、
无边的框架。
它滤掉的
重重黑夜、死亡。

五

金字塔是明媚的，

漫漫黄沙
是明媚的。
宇宙缓缓轮转
它的沙粒。
降落下来微小、
庞大，又被风
抹灭的微小。

六

我想
千百年的时间，
千百年的重生。
飘落下来
一片枯叶。
大地因莽莽葱郁
而遗忘。

2023.1

月　光

一

大地安静的，安静的
一汪月光，
我千百遍，千百遍
埋葬其中。

二

月光
不沾一点尘离去。
你千万重
包裹的重，爆发。

三

生死的尽头，
你埋葬月光。
生与死，
一朵花绽开
或泯灭的一瞬。

2023.3

生

一

再没有爱情缠绕，
没有杏花、梨花、桃花
缠结的梦。
人生清亮亮的，
汇入天空，
这广袤的大地。
我想幸福是意念，
是渴望，是灰暗粉碎，
凋尽、燃尽的碎屑。
我曾爱大抹的绿，
大朵的红，
无限所触到的
雪白、雪白的月光。

二

我在人世漂浮。
死亡幽暗的、
纤纤的划痕。
我奔向桃花山、

杏花岭。
我被海棠红艳艳的大火
点燃。
鸟声无数次啼碎、
又缝合黎明。

三

活下去，
我如粗野的藤蔓
伸展。
我触到春天，
青草、毛白杨、垂柳树，
飘浮的光，
化不开的
桃红色的云。
我触到夏，
海样的绿、
金黄，
天空是抑制不住的喊，
一场雷雨
和爆破。
我忘记秋的凋落，
像美
没有迟暮。
我想冬天的雪，
漫天、清灵的雪，

对铁青色城市，
是另一种温柔。

四

纤弱和枯朽
是光明吗？
一团废柴
点亮的是光明吗？
破败的冬天，
浩荡荡春天
拥起的是光明吗？

2023.3

南　石

一

那飞出的，
可能是另一种
人生。
那飘荡的
另一种人生。
我偏执一道光，
偏执一种衰败。
生活冷冷地收割，
雨的朽烂，
孤独的朽烂。
那漫天荒凉的
曾是大地的暖。

二

一丛构树，
两排斑驳、发白的
悬铃木，
三棵梧桐，两株刺槐。

大路开向村镇，
开向城市，
开向我光亮亮的、
空荡的心。
生活百万风尘，
我南北西东。

三

我愿人生
从那里开始。
平淡得如一地青草，
一片日光，一间房舍，
一张温柔、娴静的脸。
像四季流转，
从不离开，
历尽世间风尘，
依然清亮的眼睛。
我愿人生
从那里开始。
世界是我满满的
幸福，缓缓流泻的
春天，
宽大落地窗藏不住的
笑影、欢声。

四

路过那里，
看看她的平房子，
看看刺槐树、梧桐树、
法桐树，
它们春夏的绿，
秋的静，冬天
飘飘洒洒的雪。
我想着她的幸福，
老人的幸福，
孩子的幸福。
我想我不止一次
从她幸福身边
经过。

2023.3

有　时

一

有时疯了，
想砸碎
这世界。
有时微细细地，
爱一株草、一缕风、
一粒尘。
一切延续
生与死。

二

有时天空
埋葬了太阳，
夜埋葬了月亮、
星星。
有时心袒露的，
是你整个宇宙、
人生。

2023.3

沉　思

一

桃花离去了，
紫荆离去了，
海棠花离去了。
我的心
定定地在风中。
它从未飘移的
春天。

二

挥挥手，
向阴影告别，
向腐朽告别，
或者也向火、
灰烬告别。
自然地进入，
自然地离开。
中间炽热热的爱
是光明。

三

愿是烈风，
抖颤的桃花、
海棠红。
它们翻卷的、不安的、
斑斓的梦。

四

存留是全部
意义。
你消失的乌有，
浩瀚的乌有，
整个天空
容不下的乌有。
你冷冷地
笑它们乌有。

五

给我多一点
时间，
我想变得纯净一点，
美丽一点。
沉思开花的

静谧。
歌默默
流淌的大地。

六

遇见的是生
还是死?
扭曲的是哭
还是笑?
你浩荡荡春风
还是灰土?

七

青山荒芜了。
四面风雨。
炽烈烈虚耗。
青山强劲地,
用粗糙的手
触摸春天。

2023.3

安静地爱这个世界

千山万水
在我心中。
世间繁华
在我心中。
我爱它们每一日、
每一滴、每一瞬。
我拥它们
静寂寂百年。

2023.3

玉 龙 湖

如果时间
延续得足够长。
生命填满
每一份枯荣。
我静静地看天、
看树，想道路
通向的每一个地方。
我愿反反复复
走过灰白的石桥，
湖对面楼群，
蓬勃、崭新的城市。
我抛掉简陋、僵直的
文字。
它们是风的碎屑，
一片日光
磨掉的沙粒。
我愿一个拥抱，
又一个拥抱，
到我命定之处，
命定之人。
欢乐和幸福，
悲伤和渴望，

缠绕我那么久，
那么久。
我想触触它们，
触触明天
暖暖的手。

2023.3

人生一场大雪

——读透了生死，
才读透人生。

一

我想静默如海，
我想繁花似锦。
我想要世俗
所有的欢乐、幸福。
我想要心
喧闹起来。

二

你捡拾的枯萎，
你点燃的
枯萎。
你迷恋闪电火、
雨。
你在意念里
无限行走，行走。

三

在天边，在夜，
宁谧的星，
在宁谧的星群
不再孤独。

四

人生一场大雨
飘落。
人生一场大雪。
于是你警醒醒地
看春天，一切
延续的光。

2023.3

父亲，母亲

父亲有自己的
活计，母亲也曾有
另一份工作。
他们每天外出，
分时进入
同一所房子。
父亲渐渐变得多语，
每次酒后。零落、
翻不尽的陈年、旧故。
母亲开始健忘，
前天、昨天，
甚至今晨的事情。
她爬四楼
有点急喘，
灰白的发
开始飘雪。
我从未拥过父亲，
这慢慢
衰颓的一座山；
也没有抱过母亲，
温柔、坚强的
树的根、树的干，

历尽无数四季

疏落的冠。

羞怯或自尊

钳住我的口、我的手。

我只陪他们

在身边，在路上，

默默到时间尽头。

泥土风雨

凋零的泪。

我强大得

容下所有过去、

所有愧悔、

所有悲伤和幸福。

2023.3

拐　角

一

这世界是安然的，
春天是安然的，
白杨树、法桐树
是安然的。
我的心
飘摇的风雨。
梦散的
在明媚之外。
春花肆意开放。
青草抓紧
磅礴的大地。
一段人生拐角。
一条路
会蜕变成茫茫江河。

二

被湮灭的，
被道路的尘，
被生命的尘，

被时间的尘土。
人世纷纷扬扬流过，
纷纷扬扬
离去。
每张脸
有双重面具。
每段人生
有双重生活。
每一次
在真切与陌生之间。

三

在心底唱歌，
到大地边际，
到春的边际。
晴光浩荡荡的，
花，绿叶。
还要走下去，
走下去。
沉重的
慢慢变轻。
阴影蜕变为
泥巴、腐叶。
堤岸爱河水的来，
爱它的奔流、离去。
丘山望不尽的，

旷野的寂静、
天的寂静。
一切美虚耗
又填充生命里。

四

只是一个人，
有时是一万人、
一亿人。
贯穿遗忘的、
破落的梦。
贯穿沙漠、
荒草和荒原。

五

落魄得没有月光，
没有酒，
没有歌唱的人生。
一日日蚕食的
时间，
我模糊的边界。
生命是破损的
完整，
衰朽的烟火，
颓败的豪情。

万里江山，
万里重来，
心可以死掉
却不败的笑。

六

以为深挖了，
就可以埋掉。
以为燃尽了，
就可以抹灭。
执念炽烈烈的
星火。
青山在岩石之上。
浩渺渺天空
在大地之上。

2023.3

生命和四季

一

不肯停下来，
永无休止。
生命和四季，
灰烬和泥土，
和树木，和青青。

二

眼睛望穿的一切。
眼睛包容的
一切。
尘世在一边行走，
你在另一边
行走。
你快乐地看长街，
店铺门面、超市、
制衣坊。
那里有默默无名、
烟火和暖。
你也宁静地想

春天的羽毛，
它会悄悄飞起，
一身凝绿，
停驻在夏天。

三

优雅和粗粝，
素朴和狂纵。
容下这人世，
绚美与无常，
也容下你一心昂扬，
一身衰败。

四

我行走，
我宁谧的，
我有时爆裂。
我一片叶
静默的春天。
我狂风摇摆的夏，
我雷暴雨。

五

一只鸟离去。

一根枯枝离去。
愉快和悲惨。
像大地和长河
永不离去。

2023.4

春天的毛羽

一

我坐着白色的海棠花
遨游。
我坐着绯红色樱花
遨游。
那静静的
不是脚下的路,
是梦。
光浩瀚的
年轻的杨柳树、法桐树,
天。

二

那通往村镇、
通往乡野的
梅花树。铅青色柏路。
红梅丛。
榆叶梅蓬松的,
光亮亮,遮蔽田地。
那无声的歌唱,

一直走向孤寂，

走向明天。

世界如花园一般炽烈，

一般宁静。

快乐是风、

春天飘落的毛羽。

三

留恋年轻。

春天蓬勃的少女。

皮肤稚嫩的春天，

眼睛清澈的

春天。

一片柳叶遮挡，

一朵海棠花

就可飘移的春天。

2023.4

纸 月 亮

一

于是枯竭了，

离开。

残灭的文字。

我空落落的

纸月亮。

于是我相伴的夜晚，

星辰、雨。

我听

无限遥远的近。

我一个安安静静的

夏天。

二

只满满

一个念想。

只你散漫在春烟里、

繁花里，

然后无穷的绿，

缓缓人流。

天空安好，
城市安好。
世间万物
再无相逢。

2023.4

光的女儿

轻灵的是风。

冰冷的

是雨。

光的女儿，

樱花的女儿，

罂粟的，火的

女儿。

明天。

2023.4

繁　花

繁花暴怒的，
繁花似锦。
我掷更多声响于春天，
于大地。
我是飘移无尽的风。
我涂抹纤纤、
璀璨的绿，
寄给夏天。

2023.4

春　雨

一场雨
使繁花安静下来，
使绿
变得柔顺。
思绪延展，延展。
长长路，漠漠平原。
你有时远离心，
远离梦，远离你
自己。
你更清晰的。
一场雨落湿。

2023.4

时间之手

一

几个月，几年，
或几十年，
我急急挽住
时间手臂。
时间会挖一个深坑，
将我掩埋，
会研磨我
更纯粹，
会见证一棵疯白杨，
在我体内膨胀，
青青，衰黄，
衰黄又青青。
时间消瘦，时间华丽。
时间浩渺渺，无声。
我愿留它在高冈，
在海洋，
在生，在满心光明。
我愿黑夜和死，
是另一面，
腐朽、衰亡
是另一面，

烈火和焚烧
是另一面。

二

我熟悉太阳的火焰，
也见过
大熊座的光芒。
我同时热爱它们。
当我从一片黑暗
走向另一片黑暗，
从一块土地
走向另一块土地。
当孤独
变得庞大而浩漫。

2023.4

未 来

我不知道未来。
鸟
颤抖的翅膀。
风的手臂，
树的巢穴。
白色珍珠。
红艳艳玫瑰。
赤裸裸黄金。
我描画天空。
我的笔是秃落的
火焰
和灰烬。

2023.4

爱　情

爱情恍惚、
茫茫的大地。
爱情湿漉漉的
春天。
我用一场春雨
告别。
我用无穷泥土，
无穷绿，
无穷花掩埋。
那燃烧的
是蝴蝶的翅膀，
蜜蜂嗡嗡，
是你远离，远离，
空无和所有。

2023.4

孤独和雨

我不去，
你仍然在那里。
雨从悬铃木的新叶，
刺槐树的新叶，
从平屋顶的檐上
滴落。
你看蒙蒙的街道、
交通灯、楼群。
城市静下来。
城市有时孤独
而幸福。
你赋予它
孤独和幸福。

2023.4

河湾里看天

在河湾里看天，
在湖湾里、
在淤泥里看天。
水草摇曳成一个
灿灿的夏。
高坡、平原、
默默的天空。
我想倾尽所有，
爱所有。
我最深底的
眼睛。
我在旷大里
做黄金的梦。

2023.4

文　字

一

迟疑，
会流失我。
文字，我匆匆的树木，
我暮春的花。
我爱泥土，
我爱雨水，
我爱万年长久的
大地。
我爱生命灼灼。

二

文字是我延伸的手臂，
慢慢延伸的
河流。
我描画春天、夏天，
最斑斓、最炽热的
季节。
我温顺地和大地一起。
我想长久停留，停留。

天空滑过的
是幸福的云。
天空飘落的
是幸福的雨。
生命我们卑微的奢侈。
戏剧，盛大的狂欢。

2023.4

无尽无尽的光

一

我是水泡。
我是没有之后的
影子。
我是呼啸而过的
春天，
我是繁花。
我是无声的絮语，
风带它
飘荡。
我是无尽无尽的光，
在无尽无尽的夏季
掩埋。
我是一根树枝，
一块石头，
一座桥，一片平原，
一个城市。
我是我爱过的一切。
一切人，一切汹涌
和孤寂。

二

来不及

或命定。

我青草的大地,

枯槁的大地。

我村庄、山、

河流的大地。

寂寂田野的风。

寂寂丛林

涌向另一声呐喊。

我在寂静中

扩充自己。

我无数次点亮

又吹灭明日。

我幻想的不朽。

2023.4

街　市

一

我喜欢街上
小吃店，
喜欢超市，
明亮的门阶、货厅。
我听春雨敲打
塑料的遮雨棚。
我静静走，静静想，
想灯火、暖、楼层。
无论多少错失，
多少骄纵，
多少败落，
仍有一把钥匙打开：
家，光亮，笑。
我因平淡和卑微
而忘记，而幸福。

二

长街，村庄，
街市，明天。

我寄存自己在一棵
大槐树下，在人群，
在一方庭院，
棕红色滴水檐。
膨胀而憔悴的梦。
蒙尘而沉静的心。
一条河
会穿过乡野。
一颗砾石
闪闪发光。
一切有自己的正午、
黄昏，有苍苍岁月
和离别。

2023.4

种自己在春天

一

会不会飞？
会不会深埋？
会不会路，
我千遍万遍，
千日万日
走？
我执念的无尽头，
无停息。

二

痛苦被悲伤
浇淋。快乐
从一双双眼飞逝。
摇摇荡荡世间，
摇摇荡荡风尘。
你只有一座城市，
一条街，
一间房舍，
一场大雨飘落，

一地秋叶，一场雪。
你听春的寂静。
你相信蜂蜜金黄色
光芒。
你等玫瑰、丁香
绽开。

三

无法遮挡的，
一片叶，
一只蝴蝶的翅膀
会带我走。
风轻摇着麦、草茎。
我留下碧绿的光芒，
我留下五月。

2023.4

万千文字

一

万千个文字，
千万首篇章。
华彩而孤独。
你深情地爱
每一日，
生的每一时。
你想联翩树木、
花、果实、
河流、葱葱大地。
夜深邃的，
广阔、安宁。
你从每一颗星星
借来光。
你描画自己的宇宙。

二

奔流的，不息的。
我驱赶时间。
我挤压糖浆。

我用光闪闪、
诗的碎片，
拼接白昼。

三

豪迈、豪情地
走出来。
你自然生长的样子。
你自然幽静、
自然澎湃的样子。
你画满日月星辰。
你埋身莽莽大地。

2023.4

斯芬克斯的梦

火车在奔驰，
飞机在飞过。
城市涌动。
人们过他们
完整的人生：
爱人，孩子，
孩子的孩子，
幸福。
斯芬克斯的脸
只朝向未来。

2023.4

梦

一

慢慢地、
悄悄地走，离开。
春天斑斓的
厌倦。
油绿的、娇绿的，
枯落落枝头
又一重生。
漫漫大地的
时间。
你从最遥远的地方，
一朵云升。

二

整个白昼，你做梦。
茫茫城市。
春风、湿雨
和落花。
你想晾晒它在白光里，
在清亮亮里。
梦，它醒了。

三

生命之光。
一吻火，
一吻灰烬。
一吻繁华，
一吻春天
孤零零离去。

2023.4

超　市

我在超市徘徊，
货架成长的、
琳琅的树。
我从咖啡厅、美容厅、
服装店门前走过。
男男女女
烟火的生活，
烟火的甜蜜。
我抬头看天，
悬铃木玲珑的叶、
绿色手指，
梧桐淡紫、淡紫的花。
我感觉每一条路
亲切。
每一时你热切的，
你爱，
都是幸福，
都是远方。

2023.4

风　舞

一

流落在何处？
命运玩弄我们
股掌之上。
我们种植生，
种植森林，
种植太阳，
种植天空，
从天空
放牧星星。
我们摘弃死亡，
如一片朽叶。

二

百万才华
如粪土。
文字深深地、
深深地掩埋。
生活遇我们如磨折，
如碎片，如风舞。

我们爱生活
如初生，
如每一日。

三

就堆积在这儿，
让它炽燃、发光，
或朽烂。
百无一人，
千无一人，
万无一人
是寻常。

2023.4

鸟 儿 心

清晨是鸟儿心。
正午是天空，
白云心。
城市漂流，
城市无尽的。
黄昏是平原，是庄稼，
是麦，飘起的微末，
静。

2023.4

默默生活

忘记。就默默生活。
时间轻轻收网，
它会打捞，晾晒，
一笔勾销。
默默生活。
每一日重复
而光鲜。
每一日
你心底爆裂的玫瑰、
幽静的水仙。你嗅
生命的香。
时间收网。
你无惧时间。
岁月长流在大地上，
扑灭阳光，
也扑灭阴影。
它不懂心，
干干净净的心，
会长成一朵花，
一只鸟，
一片葱翠树木，
然后死去。

2023.4

这般生活

一

往事吹成一道白。
我涂抹更多亮色，
金黄、绿、浓烈的红
于明天。
欢乐、喜庆的日子。
蓬蓬勃勃的
日子。
我用今日、心力、血、
万般孤寂，
赚取明天。

二

只有这般生活。
欢乐酸涩的
味道。
幸福安谧的隐忍。
勇气漠漠海洋。
希望一丝风，
一片叶，

一只鸟衔来的黎明。
只有这般生活。
你刚强、执拗，
衰败的海岸。
沉落的锚。
你也是幼稚的草，
青绿的麦。
你是每一份可能
与可以。

三

风流云散。
万树青翠。
你独自
飘移的梦。
独自阔大的城市，
开敞的街道。
你融万颗心于一日，
于一时。

2023.4

百转千回

一

我想着工作，
生活，爱。
平静的，饱满的。
无争无求。
我想上天赐给我的
每个黄金的日子。

二

你寻找的，
在你眼前，
在手上，在今日。
你铭刻
磅礴的明天。
你百转千回于玫瑰，
于水，于烈焰。

三

街道盛满亮光。
村舍。

我想在大柳树，

大柳树下等。

我等一切，

又一无所知。

四

我想风带我去。

阳光闪。

我想铁路、路轨、

碎石。

列车奔过漫漫平原。

五

什么在你

生命里？

你最后存留的。

你恬静的每一日，

热切、爱的

每一时。

水，清澈的火焰。

你着迷于世界，

它的万般繁华，

万般沉落。

六

七步成诗。
三步成河。
那流水的，奔纵的，
千山万山之外，
千里万里之外。

七

我想树喷薄的，
它却是宁静的。
我想牡丹开，
牡丹放纵，
它却是安闲的。
一切喧嚣
归于尘土。
一切浓烈
归于苍白的纸。
你无法画出鸟鸣，
画出春天。
一身素朴，
又一身斑斓。

八

万种柔情，

柔情万种。
它有时消融了。
它消磨不尽的田园、
城镇，
日月四季，
满天星辰。

九

樱花和鸟，
和春天。
我和天空，
和大地。
那一切短暂的，
持续的，永恒的。

十

你耗尽
也在欢腾着。
你蔑视
也在歌唱着。
万物进入你的眼睛，
触你的心。
不一样的光
闪，碎灭，
然后黑夜。

2023.4

炭火的边界

不知我飘荡多久。

不知心底的泉

喷涌。

点点滴滴，

风和雨带走的。

我走向每个孤独的黎明，

我走向城镇。

小侧柏新割的

青草的香气。

槭树。开旷的广场。

我蔑弃黑夜，

铁锈味的陈旧。

我穿越生与死，

炭火光亮亮的边界。

它灼烧的疼，

它向灰烬而生。

2023.4

浅浅的，淡淡的

一

看你光闪闪的，
春天随风抖动，
随风去的梨花。
一场风
与一场风相遇了。
一朵云
和另一朵云
各奔西东。

二

你微笑，
整个春天安详了。
一树苹果花，一树桃花
过去，
你一身葱葱绿。
你走向热烈的
夏天。

三

浅浅的，淡淡的，
像微风呼唤
又送走春天。
像我们浓烈的酒，
万般心事，
只窗前停留
又飘过的云。

四

会去爱的。
相对，无语，
微微笑。
一朵花
懂另一朵花的语言。
一棵树从另一棵树
寻找到光亮。

2023.4

张　店

太阳的城市。

飞鸟的城市。

绿地，楼群，

树木的城市。

我无法拒绝再次遇见，

再次爱，

再次行走。

长长的柏路。

我心底欢呼的

人群。

可爱的脸，美的笑。

我把浓烈

凝成水晶，

把水晶

化成酒。

我隐藏自己

无数晨昏。

我万千形貌，

我百转千回。

2023.4

无 忧

一

你不说话，
就像草、树木、
湖泊的沉默。
雨是喧噪的。
阳光是唯一的语言。
它读懂你的眼睛，
读懂天空，
读懂云。

二

你想停留在山楂树，
白色蝴蝶的
翅膀。
你想四月、五月，
天空湛蓝下去。
路远远的，
河流、草地，
没有梦境。
风拂过柳叶梢的地方。

2023.4

希　望

一

天和地
都太匆匆了。
大海和浮云。
我们澎湃着开始，
澎湃着离去。

二

我把痛苦、厄运
看作希望。
我把草叶、绿、
花朵、平原、
村庄和城市
看作希望。
我把一切遇见，
一切美好，
飘零与分散
看作希望。
世界浮荡。
世界是一个
光亮的存在。

2023.4

古老和年轻

一

我和村庄一样古老。
我和田野一样
年轻。
我同冬麦、芥菜、
车前子一起生长。
饮用四季的风，
饮用四季的雨。
等待、得到、错失，
哪个更永久？

二

十里、二十里的田地，
三排、五排的
白杨。
梧桐花、流苏花、
香花槐。
春天茫茫在心里。
春天蒙蒙离去，
无所附着。

三

四月。麦地青青。
村庄是光亮的
玩具、小盒子。
我在村庄里做梦，
我在田地旁做梦。
风轻轻地
托起白云。

四

城镇洒满阳光。
城镇飘落
一粒尘。
那美的，宁静的，
无所知的，
我曾十万离开，
又十万归去。

2023.4

淄　博

我在一滴泪水里
浸满江河。
我在喜悦的大地
寻找光，寻觅
一座城。
人间，幸福。
人生，不离去。

2023.5

夏的最深处

一

我一直
在路上行走。
一条街，又一条街，
一个路口，
又一个路口。
我想走进
夏天的最深处，
光、绿的
最深处。
那风吹过、
深埋的地方，
思念的地方。
我用思念
深埋我自己。

二

见一面
就知足，
远远地望

就知足，

静静想

就知足。

可以征服海洋，

可以横跨

整个天空，

可以收存一颗

柔软的心。

2023.5

裕 民 路

一

走在白云的路上，
走在夏、
绿的路上。
城市在清风之上。
心在万千、
万千遗落之上。
你轻得
只有初夏的日光，
日光下眼睛；
无数街道开敞，
风吹进你软软的心。
悲凉而安静，
安静而幸福。

二

如果可以长时间
想，
我用想
代替人生。

如果无限期思念，
我用思念
代替幸福。
很大的漫游，
很光亮的城市，
很长、
我停留的街道。
我静静在她身边，
她静静
在烟火人间。

2023.5

飘　摇

静悄悄走，
一只手
拂过夏天。
田野，玉米，
开旷的道路。
一只手抚弄心，
心的最深处。
百般流荡。
你把爱散灭了，
比尘灰更细、
更薄。
你让人生疏远、
模糊了。
无法追回。
一根指头
轻轻将它抹掉。

2023.7

秋天离别

长长的天地。
无限期
的梦。
醒是光亮的，
死是光亮的，
破碎是
光亮的。
我沉落一个秋天。
我远远地
向春、夏告别。
白雪散漫，
一个空壳。
我穿透劲风和凛冽
吻一丝丝笑。
每个原地
走向天际。

2023.9

纷纷白雪

一

一点点，秋离去。
一天天，荒败。
风吹透平原。
一天天，
你心浩莽的冬。
封存全部心事。
揉碎纷纷白雪。

二

没有更长远的，
没有
更挚爱的。
天地留你的
明眸。
天地开敞
又深埋一切。

2023.10

斑　斓

一

埋进一个小小的
盒子里，
穿透时间
去腐烂。
风雨浩大，
阳光斑斓，
外边的宇宙。
我迟迟地
触碰生命之门。

二

我希望离别，
很长的时间。
从尘世
到下一次相遇的距离。
我希望琐碎，
无限琐碎，思念。
我带走秋天
巨大的斑斓。

三

试图去爱，

试图成长。

秋天纷纷

枯叶，

街道长长的冷雨。

试图绽开。

悲凉与腐朽。

行走是暖，

默默的明天。

2023.11

盛 湖 路

一

冬季里我不再飞翔。
我安安静静行走，
在柏路、小街，
枯褐的法桐，
灰绿的柳树下。
生命浮起心中。
我飘荡一片暖。

二

如果延伸下去，
默默
爱下去，
我把街道
贴在心中。
眼睛拂过门店，
人群缓缓行走。
树木在冬天凋零，
在春天
继续生长。

我别无所有。
我只是自己，
只是微小，
静寂和欢乐。

三

冬天我收留
一片云。
城市
沉默下来。
我想四通的街道，
四通的光亮。
栾树、法桐树
长长的行走。
我有多么爱，
多么久，
多么迟疑。
我坠落广阔的
春天。
我贮存姹紫
嫣红。

2023.11

第二辑

光长进暗影里

无　悔

一

等待什么呢？
等待眼睛里流荡的温情，
等待那一吻燃起的火焰；
等待经过多少背叛、迁变，
多少假意、真心的回环；
幸福仍能守候，如约而至。

二

时间被分割、封冻，
美好的留存，
瞬间抵过永远。
无从追悔，
无从侵占；
决定生死的河，
也划分昼与夜。

2008.1

逝　去

一

逝去了，

消散了，

我们的爱，

我们的

生活。

但爱真的

会逝去吗？

它如此炽烈地

燃烧，

纠结与分割。

生活真的

不可能重复吗？

穿过破败

与死亡，

穿过黑夜

和毒雾。

它光闪闪

矗立那里。

它击败一切

虚浮的话语。
生活，爱，
除此别无意义。

二

我走进很深很深的夜。
我流落于
每一条街道，
每一个暗角和门楣。
星月消失了，
一切是静穆。
爱慢慢衰损、消歇，
它等待的
是黎明。

三

离去了，很远很远的
宇宙。
离去了，
空空荡荡的星。
离去了，
这疯狂、绞痛，
微小的心，
如今是一块碎片，

一粒埃尘，

一缕风

轻松带走的一切。

2016.8

村

一

等蓝色的豆花开了，
等豆角沾满露珠，
你从篱栅旁走过。
我欣赏你优雅的笑容，
欣赏早晨清亮的秋阳。

二

夜里会飘落叶，
夜里会降下露珠。
我不知所措。
我害怕严霜困扰大地。
我害怕湖水
白雾迷蒙。
它有着秋水，
你一样的眼睛。

三

秋天衰老了，

我爱情的渴望
膨胀。
它迸出新的绿，
新的花朵，
新的艳阳三月
给你。

四

谁会记得呢？
夏天熄灭，
秋的果实摘尽。
季节在我心中轮转——
轮转几回，
遇到你的春天？

五

古老的井台旁边，
古老的水塔，
容纳黄昏、
黎明的街道。
它们千百遍地
接受你的脚步。

六

我们一起走，
我们在一起。
我们爱上夜、星光：
它们隐蔽、
又闪耀我们的幸福。

七

荆条编成筐，
河水流走
大地的梦幻。
我们相望
又守候。
我们尘埃落定。

八

村子隔着城镇
如此遥远，
土地延展无边。
我们消磨日月，
我们的心
在那儿驻留。

九

听风的信息，
听河水的流淌，
听庄稼地
带给我们的寂静。
此外，
只有我们的话声。

十

你憧憬远方，
憧憬繁华；
街灯挑起长龙。
我的心
却只在你这里
存留。

十一

我从你村子
中间穿行。
我没遇见你。
我想处处
有你的踪迹，

你不止一次走过。

十二

砖房，坡道上的
石桥、河水。
那里的夹竹桃
开着；秋天的林子
开始落叶。
你去了哪里？

十三

这些文字
不能唤回黎明：
芦苇，青青，
水鸟，鸣叫。
它们追寻村庄、
梦境，
一千次的忧伤，
一千次的欢畅。
而你代表一切。

十四

我想望一个村庄，

一个长长的梦境，
一种如水的幸福。
我们两个
永不衰老。

2010.10

夜　思

当你远远走向荒僻的乡土，
被日常纷扰无际的事物淹没；
当你因为轻信，过度追求完美
受了伤害，渐渐变得多疑、善变；
你是否还保持最后纯洁、宁静的
信念，爱这一片乡野，沙沙的、
葱葱郁郁的林木，爱欢畅的风、
自由的鸟、闪着银光的河流……
你是否会沉入幸福的遐思，
面对祖国明净、湛蓝的苍穹；
是否与祖国，亲密地融为一体，
由祖国慈爱、无私地包容。

就在此刻，你将中国唤起，
超越长城万里沧桑的面容，
超越丝绸路上埋没的荒径；
你再次激荡黄河、长江的飞波，
再次把王朝更替、荣辱功过，
变成繁荣兴盛，昂扬的歌。
就在此刻，你点燃中国的火，
实现中国的梦，激动她的心。
你消除语言的界限，不管

它是汉语、英语、非洲土语。
你融汇文明的辉煌，从东方
到西方，穿越历史的烟尘。
你是挥动的手，热情澎湃的海，
你是奋进不息、和谐的人心。

2006

感　悟

你比一粒沙离恒河还遥远。
你爱的火被暴风雨轻易扑灭。
你的梦有几重，藤蔓便缠绕几重。
你的心高得窒息，是否就此死掉。

漫长孤寂的生涯，你熬过多少苦，
只为在漆黑的长夜，看流光一闪；
只为穿越铅灰色隆冬的等待，
看看洁白的雪，这死去雨的精魂。

2007.11

土　地

我属于大地，
厚厚实实的大地。

风尘遮没不了它的面容，
云翳扭曲不了它的微笑。

阳光和雨孕育期待，
种子绽出绿色、花和果实。

它记忆的历史是生机，
爱，无休止的回复。

在遥远、飘不起的地方，
土地保留它真实的梦。

2007.12

意　想

一

光明很赤裸。
我们忘掉阴影，
忘掉忧伤。
湖泊和大地，
温存像是永恒。

二

黑夜只等于一场清梦。
冰雪在那时凝结，
岩石在那时昏睡，
闪忽的星光
在那时游移千回。
寒冷和封锁，
只等于一场清梦。

2007.12

独　语

我不能爱，思念，

默默独语，做凄柔的梦；

不能把她比作花，

盛开的树——

风吹动她的发，

遮掩白昼，

搅动温柔的夜。

我沉淀，冷冷静静期待。

生活是墙、街角、

需要跨越的路；

是缤纷之后的焰火，

永远无从捕捉的、

火热的象征。

2008.10

回　归

你被纷忙无际的生活淹没：
噪声擦出火光，五颜六色
溶入灰色浪涛……
你想穿透人群，穿透街巷，
寻找乡村，白色闪亮之光。
你望见老屋、大柳树、
池塘上漂浮雪白的鹅群。
你呼唤、牵引自己，
梦想着超越，梦想着回归。

2008.11

遗　忘

可以遗忘，尘埃

堵住嘴，塞住耳。

心微弱，模糊，下沉。

可以死亡，一千次，

抱一次生的希望。

眼睛擦亮，望见天、云，

我在那儿安家。

2009.3

祖　国

我的心在几百万平方公里歇息。
我灼热的指触摸古楼城垣。
我看到跃马牧场、稻田青青，
宁夏的夜，连成透明之梦。
我唱孤独者之歌，做最卑微的人。
我的血在黑土、大江纵情奔流。
我倾听祖国的声音——
做更好的事，为更绚丽的明天。
我从阴影开窗，在人群印证脚步，
我身上无数路纠结贯通……
我最后一次流连、回顾大地，
葱葱莽莽，波涛的雄浑。

2009.5

黎　明

有什么

在梦中霉烂了。

黑沉的风，

荒凉的夜。

城市街灯，

一长串孤独。

有什么

一把打碎了。

失望的碎玻璃响。

希望清冷地，

赤脚走向黎明。

2021.9

风　华

一

掌中的名利，
眼睛的繁华。
我想一条路荒远，
荒远。
一场风吹开了
绿地的寂静。
河水缓缓的明天。

二

爱风华正茂的
时辰。
岁月空了，
离别慢慢枯白。
灿灿的光，
飘过灿灿的街道。
你拥有银鳞的绿，
空旷的原野。
初夏隐藏不尽
它的喜悦。

你默默想着
即是富足。

三

我离自己多远，
离明天多近。

四

又一种不可能，
又一种
幸福。
我枯朽地
托起夏天，
热烈烈
爱年轻。

五

我感觉千言万语
空荡。
心浸泡在那儿，
狂野，挥霍。
它爱尽全部
又一无所语。

2022.5

再听坂井泉水

一

山楂树安静地
站在那儿。
梧桐花飘浮在
四月的天空。
大卡车的轰鸣。
道路的轰鸣。
白昼连绵的、
时光的碎裂。
而黄昏有万种
温柔。
我把什么擦拭,
藏在心中。
山楂树安静地
站在路旁。
梧桐花有触摸一切的
粉色的云。

二

我坐在污流的中心。
我迟迟穿过
痛苦之门。

是凋落的城市，
衰黄的十一月。
生命落下去，
生命荡过来。
青草恰逢其时
就是春天。
野花开
就是春天。
树木静静绿，
它等一朵云
飘过，
就是春天。

三

灿烂的星空
会是枯朽的。
夜孤寂的。
黎明冷冷的、
炽白的、
岩浆的、
心的爆裂。

四

我必将碎裂
整个繁星。
我必将坠落成海。

2024.3

郁达夫

他追随自己的命运，
漂流到荒凉的岛国栖身；
孤冷地拥着一抱清愁，
单薄得像一个影子。

那里青春、骚动、屈辱与愤懑
折磨他敏感的心肠；
理想纯洁的锋刃，痛苦地
切割灵与肉、美和堕落……

那些灰色调、伤感热烈的
表白，教他声名鹊起；
他以为可以摆脱孤独，
走上充盈、安适的路。

站在时事的大风圈外，
搞新文学的创作——
有如火如荼的爱情，
有清新、流畅的记游。

但他终于走了，遭受了
一连串变故：背叛、激愤、中伤；

开始在新的炼狱隐藏、斗争，
并且遇见自己的死亡……

也不是没落的文人，
也不是花天酒地的浪子；
只是一颗火热的心，
对祖国拳拳的、忠诚的爱。

2007.10

博尔赫斯

布宜诺斯艾利斯的街道、
黄昏，铁栅外广袤的郊野，
落日凝聚的壮丽与辉煌，
这一切令他回味。
从一方天井瞩望天空，
月优雅。蓄水池沉淀寂静。
门楣、树影穿过风，
一种怀念汇成诗行。
他崇尚玫瑰，先人的刀剑。
芬芳带来的遐想、体味，
战场瞬息飞驰的渴望，
让他的梦境同样缠绵。
一个失明、孤独的老人，
一颗澄澈、深情的心。
从来就有迷宫，神奇，
镜子里另一个影像；
从来就可以穿越夜、梦魇，
无数热情孕育的黎明。
他梦见时光，白色长流，
日日夜夜，蚀损又复原；
他梦想维吉尔、弥尔顿的

花园、古老的夜莺、

迦太基、荒草、冰岛黎明。

他想自己是尘埃，也是永恒。

2009.9

日瓦戈医生

当我再感不到夏的热情；

当秋的果实摘尽，谷仓贮藏起记忆；

当一千一千道光，一千一千层雪包围；

当心的种子埋藏，冰雪封锁孤寂；

当我们的小屋荒废，

我们相遇又离别，离别了

再不能相遇，我长长凝望；

当我想到你，想到温暖，

我看到你飘，在雪地上行，

你银装素裹，你穿越整个冬季。

2010.1

庆　山

在树影与光斑中行走，
夏季的蝉声嘹亮、刺耳。
我们坐下来，水沟传来凉意，
一只青蛙探头，又缩回。
他指给我开紫花的槐树，
幼树林北面的边界。
思想有更美好的一面，
手有无穷力量。
那南面的房舍已拆除，
那人已不在。十年短短一瞬。
没有什么长久拥有，
回想中我变得平静。
抓紧自己的幸福，
它消逝，有时比变化更快。

2010.4

剑　雨

我将隐藏自己的火焰。
我将平静地想，沉落：
忘掉过去，重新开始。
一千张面孔消失，时间
冲刷记忆，磨掉细节。
一千张恩怨网罗，
醉酒、低回；冲天排浪，
触不到月、星……
我将隐藏自己的火焰，
我将换掉自己的形容。
深深爱恨，小小情仇，
越来越淡、消散的烟霭。
我钟情于市井、街道，
我湮没于滚滚红尘。

2010.10

母　亲

母亲老了，
在荒凉的乡村。
雨水冲洗瓦舍，
泥砖墙的旧苔。
阳光在开阔的麦地，
金黄的麦地
成熟。
母亲老了，
在廊下凝望，
在院中行走。
我长大，
未能真正归去，
未能给她
幸福。

2011.3

聂 小 倩

一

你走了，我再不会
见到你。
时针指向
静默的时辰——
漫长与瞬息，
失去其意义。
我想大地的
空阔与浩瀚，
夜绵绵的
黑色波浪。
我想星星
闪光，不曾一滴
滑落。
树枝的摇曳，风
叹息，
幽冥永隔。
我想未来是
巨大的坟墓，
我们两个
相拥。

二

要走很长的路。
要洒落
很多的悲伤。
我遗忘。
我重新开始。
属于梦游人
孤独的长夜。
属于梦游人
清醒的黎明。

三

醉花醉酒。
我变得朦胧。
你变得
生动。
我穿越世代
积落的尘。
我穿越世代
熊熊的火焰。
我和你葬身
歌声与舞蹈里。

四

关于爱情的文字
留下。
世世年年，
你我消泯。
大雪漫天的
一缕白发。
百树凋敝的
一丝苍凉。

2013.1

父　亲

我安上刀片，
旋紧剃刀的
砥柱，
在十月、
蒙蒙亮的清晨
剃须。
没有抹油膏。
没有搅起
泡沫。
用温水洗过
一次脸，开始。
像父亲一样，
我用剃刀的一侧
刮鬓下。
另一侧，
将唇上、下巴
清理干净。
我看镜中的
自己。
一张三十多岁、
开始谢顶的脸。
面色还光润。

眼睛因近视

而畏缩。

我突然想起父亲。

又黑又硬的

唇髭。

一张干瘦的脸。

他从工作场

回来，

脸蒙上

薄薄的尘灰。

他有多久

没有剃净胡须。

2013.10

S. L.

远行的，
街道。
远行，悬铃木
遮落的清荫。
空旷、高远，
蓝色天空。
白云渐渐
移走的心。

2014.8

拜伦，迈索隆吉翁

沉寂了，
你最后的焰火，
沉默的不甘，
倔强的干、石头。
你想温暖的爱、美，
温暖这个世间。
你轻狂地，
漠漠浮云之上。

2023.3

莫 扎 特

有多少痛苦，
就有多少欢乐。
有多少狂暴，
就有多少温柔。
多少深渊，
融进多少宇宙。
热情、向阳的孩子，
永不歇的、
澄净如火的孩子。
每一枝孤寂，
敲开无数春天。

2022.6

家

想家，想拐入的胡同、
长方庭院、静谧的房舍；
想院墙爬满金黄的菜花，
红瓦檐滴落六月的雨水；
想灰土天井、小枣树，北屋
摆放深紫色陈旧的桌椅；
想母亲在灶前生火，父亲
穿过一扇扇门，寻找用具；
想多年前，我们并未迁离，
老屋也没有改易主人……

2007.6

回　忆

　　麦子熟了，那是夏天。

　　鹌鹑在麦田抱窝，

　　刺猬从沟垄走出。

　　那是夏天，我整日听到蝉鸣。

　　林荫道漫长而昏晕。

　　生活是如此饱满，

　　心儿是如此热情。

　　村落放入白色梦中。

2008.10

秋　声

灰色的天，街道，
声音所汇集的
喧噪的城镇；
感官色彩。
你在寻找一种张力。
一个字可以爆破，
一句话
可以燃烧整个丛林。
穿过郊区，沉沉的田野，
秋声将孤立、忧郁击碎。
你未曾见到灰烬，
你的心落雨、变湿。

2008.10

故 乡

从寂静的原野，

采摘野花、芳香；

小麦青青，填满视野。

从遗忘已久的乡村，

离别的夜，采摘星星，

种在灵魂深处。

那生命繁衍不息，

钟情于古老的土地；

那树木、瓦舍，长久伫立，

等待热情归属。

没有什么背离，

没有什么失去。

孩子，我们漫游的人，

梦缠绕那儿，结成水晶。

2009.4

一棵树的风景

一棵树的风景。

车辆、人潮川流的梦。

低下头，摇曳，

沙沙响，默默低语。

这天空遥远，很轻，

这城市很近。

感恩存在、日子、

新世界。一只鸟歌唱，

一辆水车唤起幸福。

2009.8

葱　茏

我知道要走许多路，
才能到达。山岭和堤坝。
我坐在葱茏的草间，
听树叶沙沙，鸟儿飞鸣。
太阳发亮，清凉的水
冲刷沟底的旧石头。
我知道要太多时间，
才能忘却。剩余的一部分，
剩余的，称之为美。
我不羡慕他人，
没有什么令我懊悔。
一片树林，又一个山坡。
我看到果园铺展开，
果子有一天红润、成熟。

2010.4

午　后

我在窗台后瞌睡。
午后，光亮而灼热，
割麦子的季节。
父亲在院中走动；
在门口的阴凉里，
修补农具，一把长柄木齿。
母亲正同他讲起，
两天后收麦。她用白铁壶，
靠着林荫烧水。
白杨早已高过房顶，
从早到晚，沙沙歌唱。
田野里满是金黄，
阳光和空气，在那里生长。

2010.6

地　图

你圈起湖泊。

捡拾

一粒珍珠，

打开一只眼睛。

森林无尽、

绿色的发，

被风鼓动。

你寻找乡村，

被忽略的微小。

野地开花，

荆丛，丘坡。

刷白的房舍，

蓝色天空拖走。

你斟酌一个

又一个城市。

高楼，未可知的

街道，风的转型。

悬铃木静静伫立。

绿灯开放，

车辆跌入

铅青色河流。

2011.5

文体中心

水，于是你想到
香蒲、水蓼、苇丛，
喳喳鸟啼叫；
荷叶碧绿，
荷花粉白；
大柳树荫，
黄鹂鸟歌唱；
鱼儿游过浅滩，
睡莲安详；
苹果的青涩，
山楂拥挤；
珍珠梅开花，
紫薇开花；
凉亭上楸树、
七叶树的影子；
甬道绕过湖岸，
鹅卵石
散发清凉。

2011.7

梦　想

我把小河
揽入怀中。
我在树叶上
寻找脉络。
我倾听斑鸠、
啄木鸟的鸣叫，
森林就是
巨大的巢。
我爱轻盈的风。
我爱未化的蓝。
我被草尖上
晶莹的露珠
濯净。

2012.5

开花的树

我试图离开自己行走。

像一棵

开花的树，

开花的树的精魂。

这个夏天。

这些宁谧的黄昏。

村庄、街道、

田地。

我想到葱茏和忧郁，

不朽

与瞬间。

2012.7

初 秋

一

静下来，静下来，
天空远了，高了。
我心的清，秋，
蔓延大地。

二

迟迟不去的
爱，微颤。
秋叶，花，
赤红与金黄的
斑斓。

三

从空气挖出深井，
秋光。
群鸟离去。
杨树林的静默
与喧噪。

2019.9

无 边 界

平原伸展下去。
绿在青草、
油油麦上轻摇。
一切安静。一切
无人知晓。
道路远行于
光的春天。
小小城镇、湖泊。
天空消磨湛蓝,
湛蓝的幸福,
洁净的幸福。
它想望的
无边界。

2020.4

悲伤是可笑的

悲伤是可笑的，
像泪水、雨水的纷落
是酣畅的。
快乐是喧噪的。
秋天野地里
一群鸟飞鸣。
我陷入安宁。
秋天的光
洗练。
秋天的云彩
远去。
我游走于城镇、
街道。
城镇、街道
跟随我。
我们走向河湾，
收割过的田地。
那里夜的凉
缓缓降临。
风吹动干草香，
巨大的开阔。

2020.8

俳句集

一

那堵墙倒塌，
番石榴还站立、开花。
我记得。

二

春天，芦苇娇嫩的草，
娇嫩的茎秆。
秋天不会到来。

三

土坡绿化木
更新、生长。
春天这个季节。

四

炽白的、
流动的火焰。

再没有黑夜。

五

相会与离别，
并不太难过：
离别为了更好地相会。

六

岁末岁初，
对自己说的话：
要学季节改变。

七

时光穿过我
奔流。
我越发空寂。

八

固执的信心，
开拓的领地；
周遭已经改变。

九

我有一丝恬静，
像绿萝爬上
雕花木。

十

每个春天
都是一种欣喜：
冬天期待太久。

十一

树枝间的鸣声，
灌丛间的鸣声，
鸟儿呼唤阳光。

十二

春天里，我想你，
你年轻、美丽。
春天是你的季节。

十三

关于你的记忆，
关于春的憧憬，
我分不清。

十四

我苏醒的时候，
你悄悄来到
我身边。

十五

还有时间等待，
还有时间消磨，
到最后时刻。

十六

春天漫过田野，
春天溢满山谷。
绿光将春天淹没。

十七

一阵南风吹来，
春天来临了。
春天来自南方。

十八

只剩下自己，
只剩下记忆，
幻觉欺骗你很多。

十九

街道喧哗。
我们的节日，
也是它的节日。

二十

忧伤是闪电，
穿过
大雷雨的哭泣。

二十一

爱情赋予魔力：
我们相爱，
我们爱其他一切。

二十二

当你笑时，
我只记得
你的眼睛。

二十三

我回想光，
回想蜜的味道，
回想你。

二十四

瞬间不是永恒，
可是我们
愚蠢地相信。

二十五

记住我吧！
我迷误太多，
我的热情更多。

二十六

可以出发旅行了！
春天正是
我们的季节。

二十七

我们忘记针叶木
怎样青青，
当春天的花绽开。

二十八

反复说她的名字，
只是想
把它抓得更紧。

二十九

我回想你，
回想一棵
开花的梨树。

三十

零碎的东西，
我的心融会得
统一。

三十一

整个天空闪光，
整个楼群寂静，
我们随街道流淌。

三十二

广场许多人。
他们的喧嚣，
穿透我的寂静。

三十三

打网球的姑娘，
我看到她的轻盈，
我懂得她的力。

三十四

树木还光裸，
湖水还清静，
春天比预想的缓慢。

三十五

放飞吧！
风筝远比
楼体轻盈。

三十六

一双美的眼睛，
一个微笑，
有时能产生爱情。

三十七

天空，安谧的星星，
被蓝丝绒的夜
簇拥。

三十八

我们一直
赋予理想很多，
消耗又点亮自己。

三十九

漂流瓶，
带不来什么，
我们还是期待。

四十

风铃响了。
是风把它
拥入怀中。

四十一

我饮下酒。
我的心打开，
我的话繁复。

四十二

海鱼，
放上货架，
大海的风浪平息。

四十三

我从中夜启程。
阴影和梦魇，
蜕变成黎明。

四十四

总是接近黎明，
超越正午，
我们在夜里安息。

2010.2.23

第二辑 光长进暗影里

光上行走

一

假如，
你敞开。
风穿过
你的胸膛。
时光为你的心
孕育光明。

二

树木
低头哭泣。
风
低头哭泣。
雨浇淋。
那你等待
为光歌唱吧。

三

我听到

风歌唱。
我听到
雨喧腾。
花园更拘谨地
微笑。

四

我看到爱
犹疑，凋落。
很大的玫瑰树，
因拘谨而死。

五

这个谷仓里，
要贮满风，
贮满光明。
我大声歌唱。
我像正午的太阳
快活。

六

风有温柔的
臂膀。
它抚弄

树木的样子，
让我想到
爱情。

七

玫瑰刺
留下的血。
它曾经
热烈地爱。
青春。

八

歌唱，舞蹈，
旅行。
无人注意
你内心的精彩。

九

无限风光。
太阳向
大地滚落，
向树林滚落。
我听到绿色欢唱。

十

如果我
忘了火焰，
忘了玫瑰。
夜的被褥
盖上光亮的白昼。

十一

我的心打开。
我变得成熟。
时间的阁楼，
积满光亮的尘。

2013.1

开　口

一

在清晨的
静坐中，
你忘掉忧伤，
忘掉失败
带给你的烦恼。
滚滚人流，
曾淹没一切。
秋光是温和的
锋刃。
秋叶飞舞，
叩击地面。
秋风的涡流，
在更空旷的明净里
回旋。
你想到音乐，
无声的旋律。
你渴望静谧的
喷泉，
在体内喧响。

2013.10

二

季节怎样
撤退。
十月怎样
死亡。
干涸的河床。
瘦骨嶙峋的
石块。
风的气流，
穿过你的脉管，
冲向空旷、
荒凉的田地。

2013.10

三

现在只剩下
我自己。
旷野。
风拂落白杨
黄绿的叶。
我忘记鸟儿
何时离开。
它们是否仍留恋

热情的阳光。

河渠的水

开始凉彻。

芦苇灰黄的影子

沉落底部。

我追寻天空

和大地。

它们装得下一切，

又一无所有。

2013.11

四

十一月承受露，

飘坠的黄叶。

黄叶被十一月的雨水

冲洗，

然后腐烂。

十一月空荡荡。

街道。方便座椅。

记忆中鸟儿

飞离的弧线。

单薄的躯体。

十一月

黑夜里的死亡。

潮水从心中

退却。

2013.11

五

风穿过树木。
长长的步行道，
黄褐的叶子
堆积。
此时有什么
可以唤回？
郊原、旷野，
渐渐荒凉的
十一月。
不是用火焰的笔，
不是用水
清澈的笔。
寒霜将
驻留大地。
然后冬雪，
这白色之上
更轻的白色。

2013.11

六

十一月从大地上
抹掉花的名字，
抹掉叶的名字。
河流迟缓地
凝望天空。
十一月的脚步
很轻。
仿佛没有脚步。
十一月是漫天
纷落的雨。
孤独的雨。

2013.11

如 果 爱

如果我爱，
默默成长。
如果我用
树的姿态。
如果我用花、
蝴蝶的色调。
如果我具备
流泉的声音。
我一无所有。
我洁白如
一张纸，
写最美的
文字。
我是一团火，
在适时的时刻
燃尽。

2015.5

更长的时间

用二三十，
或更长的时间，
我锤炼一颗心；
我挖掘
一个深渊；
我让自己
轻如鸿羽，飘。
我等同于一滴水。
我等同于
一粒埃尘。
万千树
葱郁。
万千光
悄然沉寂。

2015.5

空缺的存在

你是我空缺的
存在。
你是我水中
坍塌的城堡。
你是我飞翔，鸟。
你是我滑过
炽烈的痕迹。

2015.5

欢　悦

你佩戴欢悦，
白色花朵。
你梳理
绿色的空气，
缠绕指尖。
阳光下行走，
水上行走。
一棵柳树，
一棵柳树
纤长的影子。
你头戴无形的
王冠。
你的眼睛
放逐鸟，
又轻轻召回。
你清澈如水。
你清澈如水的
火焰。
你的吻火热
而清凉。

2015.6

在 风 里

在风里，
我的心，
裹着风歌唱。
我的心，
樱花的树，
海棠花的树。
我的心，
在风里。

2017.3

窗

我收集光芒、水，
体内流动。
我的手触摸树木、叶，
整个清晨。
我的眼睛，
朝向世界的
两扇窗。

2017.8

轻　触

这可以

轻触的：

蝴蝶、草叶，

白色中午

静静的锦葵。

街道空旷。

房屋轻轻瞌睡。

这可以

驱散的：

暴风雨，

黑夜里

更深的黑色。

2017.8

路

一吻，
绽开世界：
花、水、
树木、叶。
由枯败
通向繁荣之路。
由孤寂
通向安生之路。
大地所承载的
晴明之路。

2017.8

错失与完整

如果爱，
可以爱长久，
从草叶，
到花，到果实。
风穿过林间。
河水奔流而去。
你错失任一部分，
仍是完整。

2017.8

黎　明

黑夜沉落下来。
你以为可以忘却苦痛、
悲伤。
秋风徐来的梦。
树木渐凉的躯干。
你以为还会有
万千黎明，
珍珠白，
玫瑰热烈的红。

2017.8

风 起 了

风起了。
我住在薄薄的
壳里，昏睡。
忘记大海的澎湃，
忘记阳光、雨地，
遗漏和迷失。
还要在这里
等很久，
在黑暗中
等很久。
飘摇，薄薄的
碎裂。
爱情埋葬在心中。
心是它
永生的坟墓。

2017.8

微　尘

一

我想离别，
放飞在风中。
再无相遇，爱，
它栖居的家。

二

秋天消瘦，
冬天是
安详的孩子，
冷暖自知。

三

悲伤驻留在
心中。
诗
驻留在心中。
它们无处流溢。

四

爱，

在悲伤中起舞。

忘记缺憾，

忘记伤痕。

悲伤是爱

欢乐的形式。

五

把孤独

剖解。

更微小的

孤独。

它感觉

另一个同伴的温暖。

六

你心中一个孩子

哭泣。

你无处寻找，

无处安放，

它温暖的家。

七

冬天里鸟
是孤独的，
树是孤独的。
它们放纵、
挥霍了
整整一个夏天。

八

会永远爱，
永远悲伤下去。
这不肯治愈的
灵魂。

九

黑夜，风，
还有旷野，
进入梦中。
它们想在我
心中，
暂时消歇。

十

万代寂寥，
风流云散。
只你悄然
吟唱的歌。

十一

开始之前
很久。
结束之后
很久。
中间短暂的
时光。

十二

我会梦见
没有离别。
离别是更深远的
相遇。

十三

最后只剩下

你一个，
你一个。
你无法分化
更多的自己。

十四

生活环抱。
你想以更好的方式
泅渡。

十五

树和我。
我和房舍。
篱笆间隙的风。
夜晚在外面
游荡。
它还不肯
收容自己。

2017.11

成　长

我们像从未爱过

一样爱。

我们像幻梦

一样爱。

你眼中的水、湖波、

飞鸟。

你脸上燃烧的霞，

白烟消散。

我们种在土地深处

成长。

我们种在灵魂深处

成长。

你蓝丝绒

黑夜里的星星。

你最颤动的

明亮的珠子。

我打开又关闭

生命之门。

2018.8

孤　独

我们是孤独的，
孤独拥抱孤独。
我们又不断
开敞自己。
开敞到原野、
河流、树木。
夏季的光
在那里燃烧。
夏季淋漓的雨
在那儿降落。

2018.8

季　节

仿佛从未爱过。
仿佛你从未
在我心中停留。
我爱你自然的
模样。
如同风，
如同柳树，
如同河沟外
静静的田地。
你在那季节里
流转。
你是那无处不在的光、
绿和雨。

2018.8

遥　远

我没有学会爆裂，
没有学会
绽放。
我温柔地等待，
温柔地
成长。
时代滚滚烟尘。
历史古老的
青苔。
我做遥远、
永不灭的梦。
我亲吻黎明
最初的清冷。

2018.8

接近与丧失

——赫本，罗马

慢慢地接近，
慢慢地丧失。
我光华灿烂的存在。
我温柔如海……

2018.9

幸　福

一

会如你所爱，
会爱你
所爱，
并且被爱。

二

红黄橙紫。
秋渐深。
而我想少女的
欢笑，
想青春。
城镇变得亲切。
月亮穿着
花衣服行走。

2018.9

丁　香

春天，一阵风吹过
丁香花丛。
白色丁香花簇。
从那时，漫长的夏天、
秋天，灰黄枯绿的树，
一阵风让它
秃裸。
从那时，我静静想，
无怨无争。
一阵风吹过
丁香花丛。

2018.10

飘　游

像夏天

无所爱。

像春天

无所爱。

像秋天的火焰，

静静的天空。

田野空荡，

落叶和河沟

枯寂地等待。

像你再次注满，

再次飘游。

热情而遗忘。

一夜间行遍大地。

一个黎明

变得纯白。

2018.11

枯寂的，喷薄的

一

许多日子

混合了，

单调又

重复。

我飞离的某一日。

我特立独行的

某一日。

我热望与渴慕的

某一日。

忐忑，狂喜，

我活在其间。

二

更广阔的爱、道路。

更强劲的光。

更深的沉寂。

更迅速地

朽烂。

三

扶摇过千里，
风，
未远离
你的心。
你自身便是风、
千里。

四

沉寂中
爆裂了。
爆裂为花。
另一个秋天，雨水，
朽烂了。
朽烂为
青青树木。

五

我抹掉枯索的
文字，
堆砌的文字。
我厌倦泡沫。
我脑中萦回的

并不使我

长久沉吟。

我如一道光裂开，

一阵风千里；

一个春天蓬勃

到浩瀚的夏天；

一个秋天清亮亮

抖落宁静的火焰；

一个冬天狂野、呼啸，

试图冲破

自己的封锁。

六

土地承载我

千年之梦。

土地破落了。

土地燃烧我

千年之梦。

七

你郁积。

你喷薄、

散落了。

你完整。

八

孤寂一百年，
会热烈
一百年。
那深埋的树木，
黑色的炭火、
石浆。

九

在追溯中
耗尽。
在追溯中
饱满。
千载风尘
尚未远离。

十

狂歌醉酒。
血肉。
爱宁寂、炽烈的火。
千载文字
无处深埋。

十一

那曾高举的，
那抛落的，
那奔腾辗转，
热烈浓情，
梦。
寂寥大地的冬季。
冬季喷薄、
鲜红的黎明。

2018.12

风还没有来

一

风还没有来。
一切都是陌生的，
陌生而欣喜。
风穿过
哪些条街巷？
太阳在哪堵墙，
哪扇窗，
哪个金色
或粉色招牌闪光？
生活孕育
万千可能性。
我们因此
生活下去。

二

冬天
使你遥远，
有时又使你
更近。
孤独时

我爱自己，
或什么都不爱。
遇见你，我爱你
和整个世界。
我忐忑如
谵妄的孩子。

三

周围的那堵墙
拆除了。
人们曾在外面
谈笑，工作，生活，
按他们的方式
热爱。
我也拥有
自己的方式。
热爱，默默地，
心和眼睛
灼热。

四

冬天是冷风、雪，
严峻的季节。
冬天也是我们
恋爱的季节。

墙壁不是有

光彩了吗?

路沿石

不是柔软了吗?

人群和车辆

从我们身边

流过。

它们不是加入

我们欢庆的节日了吗?

五

我称你

未来的爱人。

我也称你

旧日的爱人。

我认不出

你的面容,

叫不出

你的名字。

我们又始终

在一起。

你在我心中,

暖暖。

我带你

去爱整个世界。

六

卑微的小人物。
我抛下那些
拙劣的文字。
它们曾歌唱土地、
四季、阳光和风。
我拙劣的手
写下它们。
我切切实实地
生活：工作、休息、三餐。
我想你在路上、门首。
你在每一处
我想你的地方。
我们用
最平淡的方式招呼。
最平淡的日子
消磨我们。

七

工作的时候，
我们工作。
傍晚或清晨，
我想你。
每个节庆的日子，

我在属于
我们的城市。
我不怕被人流
淹没。
我爱青灰的柏路，
远处渐渐
矗起的高楼。
我可能在每个地方
遇见你。
我的心舒展
如一面帆。

八

乡村遥远了，
荒寂了。
我曾在四季，
意念中的四季
孕育。
我膨胀一个个
幻梦。
走出生活，
走出自己。
如今我只静静
想你。
在空荡、积尘的
房间，

在严寒冬季。
这一点点冷、暖
是真实的。

九

有些文字像养育
被抛弃的孩子。
有的成长。
有些文字生硬，
有的火热。
有的突兀
如尖锐的沙砾。
有的蓬勃、蓊郁
成一片森林。
我未被点醒的日子。
我点醒的日子。
我漫流成河的
日子。

十

我不会迎合，
过去是，现在也是。
我默默观望人们。
他们适于自己地
生活。

我钦羡他们。
我曾孤独地
成长。
我不确定
这是我命定的方式。
我想爱，与你
在一起。
我们随生活
流淌。
两个人的孤独，
如今是一颗心的
狂欢。

十一

生活中有带刺的
甜蜜吗？
有默默忍受
可换取的一切吗？
瓦罐碎裂
还会复原吗？
有倔强和执拗
未曾毁损的东西吗？
有时我收拢
这些，
像收拢垃圾的
碎片。

有时我需要
清扫自己。

十二

我把你藏在
心中，藏你在
这些文字里。
一切还是陌生的。
人们不明白
我陌生的笑容，
不在意
我陌生的甜蜜。
他们曾像我
一样陌生。

十三

有时感觉自己
丑陋的，
灰色、平淡的
外壳。
我太关注火，
燃烧的美。
我不能用它
烧掉外壳。

十四

这些文字会失落，

在尘土，

在你脚下。

你视它们

如珍珠，

捡起，戴在项间。

你走向人群。

人群默默

淹没你。

我又从人群

分辨你。

文字因你

而闪光。

十五

下雪了，我们出去行走。

我们落在大地上

轻盈的小鸟。

街道还没有湿滑，

墙壁也不

湿冷。

我们走在柔软，

另一重温暖、

亮色里面。
下雪了，树木隐身在
白色里。

十六

冬天我们
在一起，
也不想念春天。
春天不比现在
更美好，更馥郁。
春天不会扩充我们
一点点幸福，
一点点喜悦。
春天里我们
不会更遥远。

十七

曾经爱
被束缚了。
被偏执、妄想，
控制与
反控制，
被挑剔、轻率。
我全部失去了，
开始拥有。

我无所爱了，
开始爱。

十八

文字消磨我，
还是支撑？
我飘荡
还是游走于现世？
抛开那些拙劣、
不合时宜的梦，
我便真正生活？

十九

远和近。
我远远地望你，
近近地
想你。
我以无限可能性
爱你。
一点点风，
万千点帆
驶向你。

2019.1

第三辑

安静地爱这个世界

玫　瑰

一

你可看到爱怎样浮起，
在幽寂的岁月，荒凉的住所，
开出白色的花，招引最年轻、
最绚丽的朝霞……

你可看到它在心田飞舞，
在夜空眨动善良的星光，
看到它飞过山，飞过海，
到邈远的海岸，然后折回。

你可感到经年的记忆堆积，
它一次次沉寂，被遗忘、掩埋；
又一次次脱身，轻灵地飞回，
让你酸涩、欢欣，引领你前行。

2006

二

在时间的一头，我遇见

一朵玫瑰，娇小、清纯，可爱的玫瑰；

她带给我隐秘的痛苦，

或者还建立纯洁的信仰，

让我在忧伤中微妙地战栗。

我不知道玫瑰去往何处，

不知时间这条灰色的长流，

是否会佑护她、灌溉她，

开出芬芳、美丽的花朵……

就在这间小屋，我编织

自己的记忆，悠长，反反复复；

我盲目的、充满柔情的梦，

不止一次冲出门去，在街上，

在原野，在迷蒙的远方飘泊；

它要寻找世上最美的花园，

认出自己独一无二的玫瑰，

她盛开了，却依然清纯、可爱。

2006

三

玉米、大豆葱茏的原野，

河流，白杨岸，安分的镇子，

重复温馨与美的乡村。

一条大街，南北通畅，

花坛、甬路，通向我门前。

我做白日梦，在那里。

梦见欢颜，醉酒后的狂热；

梦见爱情降临，经过

无数次游移，落定；

梦见我的心融化，在她手上。

然后我踽踽独行，

让七月下午的阳光

灼热我身心——

我不会疲倦，也没有悲伤。

2008.7

四

那么多宁静环绕，

那么多爱情翻腾。

一条街，穿透乡村、

房屋的光亮……

我数点一个人的脚步，

一个人的笑容；

青春在她那里

燃烧成玫瑰花丛。

我躲在小屋里思忆。

整个台阶旋转；

整个院落，因一只鸟生动。

我迎接的是潮、是春，

经久不息的迷醉与忧伤。

2009.1

五

我被一千道流沙包围，

我随一千次雪花融化。

我一千次伸手唤你，

我一千次留恋你的根。

我望见青青的田野，你挺立，

四季与风流转，你挺立。

2009.3

六

我会走出自己，飘游。

黄昏和林荫道铺向远方。

空旷田野的风，

一扇门打开。

你是我的恬静，

清澈如水的夜。

芬芳和甜蜜扑向我，

牧草，村舍，另一个世界。

2009.3

七

我希望有一天我们同行。

我们活在世上，

善心，快乐，两个孩子。

每片阳光洒落绿荫，

每条路通向家，

每阵风吻我们的面颊。

我希望我们永生永世，

我希望我们片刻不离。

乡野、村镇、城市的信息，

我们遭遇幸福，

我们绽放如花。

2010.4

晨

一

能不能放下无为的重负，
温柔静谧地思想一下从前；
思念童话一般纯真的年代，
思念惊慌失措的、微妙的幸福。

能不能交出游荡、荒废的生活，
换取我们再次短暂的相聚；
像从前一样，默默注视对方，
发觉岁月抹不掉的迹象。

能不能点燃一盏灯火，
留住我们相依相偎的影子。
不会有离别分开我们的手，
不会有痛苦搅乱我们的心。

2003.9

二

假如你真能走出我的心，

我的世界，就选择一条美好的路，
洒落阳光、绿影，安宁，渐渐开阔。
我这里剩余的无足轻重：
岁月绵柔的手，会无声无息
抹掉记忆，有光彩的面容，
抹掉玫瑰燃烧的辉煌，以及
相互纠结的负疚与深情……
我将在纷攘中遗忘，埋没自己，
又将在幽寂中，做平淡无奇的梦，
一池水，一个庭院，一方菜园。

2007.6

三

你轻得如同羽毛，
透明像雨后的花露，
九月湛蓝如洗的天空。
每走一步，芬芳离你更近；
每走一步，风轻盈的翅膀，
都把你带向可爱的光。

四

年轻，你最初的样子，
焊接在我脑中，
熔铸在我心上。

我走最长的隧道，
挖最深的矿藏，
成为最火热的石。

2008.1

五

在黑而又黑的夜，
我的心光芒四射。
在深而又深的底层，
我的梦轻如鸿羽。
你睁开眼，开拓广阔的未来；
你清纯一笑，击退幽暗、死亡。

2008.3

六

我们小心、谨慎，热烈地爱，
直到菟丝厌倦于它的攀附，
向日葵掉转头，藏起面庞；
直到森林因蓬勃、蓊郁而昏晕，
河流在漫长奔流中枯寂……
白昼和光线，穿透我们胸房，
黑夜坍塌，星星坠落如雨……
直到我们的躯体灼成废墟，

心儿也死去，它不会复活；
直到那爱轻轻迈动脚步，
继续飘游，踩着我们的梦。

2008

七

一个夏天像甜橙，
像石榴的爆裂。
我长久地思念。
你可爱的浸透阳光，
浑身闪亮。
你走过绿荫浓浓的街道，
走过生命里，
前面是碧蓝、开阔的天。

2009.1

八

你咬着甜橙，牙齿雪白。
你微笑的眼照亮面庞。
你在一千条街道行走，
你一千次从人群走出。
你像一眼泉，四处喧响。
你的心装进一百个春天。
你做的梦年轻，没有终结，

你舞动水灵灵、光亮的树。
你亲吻阳光、空气、鸟，
你活在无数复苏的黎明。

2009.5

九

我还会去那条路上徘徊。
花砖甬路，虬曲的龙爪槐，
白蔷薇开满草地，
红叶树缤纷、闪亮。
我只是无法遇见你，
打招呼，一切还亲切。
你娇媚、孩子气的眼睛，
点燃一团火，怦然而欢畅。
你杨柳一般快乐、招摇，
证明那是春天，五月。
我还会去那条路上徘徊。
独自在阳光下，放松心境，
独自听蜂群嗡嗡，恰如当年。
我不会哀伤，爱或不爱；
我不去想你远离，那样久；
我不管梦想浮起、跌落——
风轻轻吹，阳光轻轻闪。

2009.6

十

我不会获取爱情。
即使我的心袒露，
像平原，七月雨水
将它浸湿。
即使它长得葱郁，
庄稼、林木、草地，
期待中的花和果实。
我伸手触摸天、云，
我游移，太阳熊熊燃烧。
我不能描绘你的轮廓，
在天空，在大海。
你的面容空灵，
你的身影变幻。
一段距离阻隔，
无从到达……
我不会获取爱情。
我一个人虚耗、做梦。
漫漫流年侵袭。
我知道你在，
你快乐，你不爱我，
你醉心遥远的国度：
鸟儿自由，道路开阔，
爱情像空气、像水，
透明、永恒。

2009.8

十一

隔着铁栅如此近，
隔着蔷薇，
一步之遥——
芳香将我们弥漫。
湿雨已结束，
天空舒展。
粉红、白色
倾泻的花串，
将一直深入
我们梦中。
慢慢前行，甬路，
我们在一起。
像花一样美丽，
像清晨一样宁静。
我们永不凋谢。

2010.5

生 命 里

一

我忧郁、低沉的调子，
不会被世人称誉，
更不可能流传下去。
我所有的痴恋狂想，
打动不了你的心扉，
甚至让你觉得受辱。
可是万一，许多年后，
诗人死了，你也稍稍疲倦，
在满目浮华的世界；
万一你又拿起这个集子，
感到为你的真诚歌唱，
但愿你叹口气，说一句：
这个人我本能够
给他一点爱怜的。

2001.12

二

狂欢的笑声消散，

虚有其表的言语

远远丢开；

你重又向我

静静地挨近。

我沦落，一无价值，

但还有你——

至少你是安宁的。

2001.10.8

三

我开始思念——

假若街上飘落雨，

灯影昏黄而模糊。

假若帆布篷轻轻叩响，

临近打烊，棚内只我一人。

我会忆起一个地方，

花园、雪松、长长的游廊，

她凭倚、凝望，轻轻走动。

假若我们相见，像人们

所说的动人情形。

她微笑，花儿开，

她走过，一阵清风

整个搅乱我的心。

假若从此不再相见，

假若我孤零零，渐渐老去；

生命中再无火花，
纷扰中再无平静。
假若这幼稚的爱情
唯一保留，裹在想象核心。
假若我又开始思念，
如此时，街上飘落雨，
灯影昏黄而模糊……

2008.9

四

今夜我想到相遇、离别。
我想到菊花开，
菊花凋落。
竹篱边道路远去，
房屋寂然。
黄昏时白昼远去，
青山寂然。

2010.12

青　春

一

我将在孤寂中掩埋自己，
默默地忧伤，默默地哀戚。
爱情已离我那样遥远，自从
心爱的人儿，轻轻悄悄离去。

快乐的光芒曾在我眼中荡漾，
娇羞的红霞曾飞满她的双颊；
温柔、甜蜜的冲动，曾经
攫住我，"要爱她，用一生一世"。

二

再不会得到什么信息，直到
生活吞没我最后的灵感、情思，
直到死亡扼杀我飞逝的一生，
所有的梦幻，在黄土之上飘散。

再不会得到什么信息，虽然
一点点，就能震荡我整个生命，
就能将我从凄清的房中唤起，
推开门，满院都看到你的笑影。

2005

心　事

一

而我掩埋于
黑夜之中。
我看到一条街，
空寂。
车辆在停车场
安歇。
咖啡馆、店面，
迎来
午后的秋阳。
你缓缓行走。
你微笑。
阳光把你
照得雪亮。

2013.9

二

当那一天
来临。
你像云离开。
你像小鸟

飞走。
我无语。
我像天空
空旷，
像大地一样
寂寥。

2013.10

三

有时我遗忘，
有时我会想起，
散漫、荒废的生活，
一点点迷离、
闪光。
我心底孤独、
浓烈的花苞，
开向哪一方，
开向哪个纯美、
并不存在的爱情？
越过葱葱原野，
越过村庄、
光亮的街道，
青春，满带笑靥的
面庞。
我们未经世事。

我们一起
走很远。
我们忘记白昼外
有夜，夜之外
有暴雨、雷电，
有沧桑和别离。

2018.6

四

狂风会吹走
我的心。
美人在最后一个秋天
零落。

2021.8

孟 庭 苇

你不再葆有雨、海的情怀，
用清新、纯净的声音，
歌唱伤感、浪漫的爱情。
你不再悠然神往地迷恋
记忆维护的历历前尘——
你说，怀旧的心早已涂满。
你不再相信流行的光彩，
昨日辉煌、今日摇落，这些
狂热变异、人世浮沉，岂非空幻？
你向世俗之外寻求慰安，
寻求澄澈、空灵的境界——
要让恬静、和暖的光明，
指引自己，达至纯洁的完满。

2002.4

莱蒙托夫

对宿命可悲的预感，老早就
将你笼罩，点燃黑色、奇绝的火焰。
你的心无尽地飘泊，倔强、高傲，
飘向自由的、黄金的世界；
你的灵魂做高贵的琴弦，深沉的
热情，不止一次把它拨响；
你冷峻的梦，纯洁的信念，
飘荡在高山、峡谷，海上的白光中。
你没有对完美盲目的崇敬，
避开纷扰无定的苦闷、烦忧；
也没有冷酷、赤裸裸的理智，
面对尘世的虚浮、丑陋……
你飞不上天国，孤独和忧伤
已将你宠坏，沉入流放的阴影；
你下不得地狱，猜疑与失望
还不能彻底毁掉美、毁掉爱。
你高傲地飞，在天国、地狱之间，
不知妥协地，回击专政、流言，
不知疲倦地，追求幸福的宁静，
追求命定的、陨灭的偶然……

2006

吉 他 手

开明洞达，面对纷扰的人世，
不为错过的机缘悔恨，
不在痛苦忧虑里长久徘徊——
永远不变的，是善良真诚的心。

让黄金煽动虚浮的荣耀，
让玫瑰随放纵的爱情凋零，
你瞄准眼前，嘲笑宏伟、高远，
泰然走过一段段路程……

只在醉酒激起的意兴，
在辗转难眠的长夜，
你又记起年轻时的梦，
青春带给你热烈忧郁的歌。

你弹奏过吉他的手，
仍然执着，饱含深情；
你默然迸出思想的火花，
仍旧装点青年人的未来。

2007.6

D. M. L.

你凝望的金黄的圆月，
盛过泪滴，盛过分离和欢聚。
经过多少世代积淀，
多少世代的回环，
如今它是一轮清光，
是你深深的期待、思念和心。

2008.9 仲秋

我

一

我熬过无数时日。

我品尝少量幸福，

像星光欢愉、鸟儿的心颤抖。

我被痛苦惶然的抉择击中；

夜色飘忽、空渺的海，

我以为不会到达黎明。

芸芸众生中，我无足轻重，

名字像烟缕、尘埃，或落花。

大地曾给我意外的亲切，

田野葱茏，庭院宁谧。

衰老又年轻的街道舒展，

我与晨光、暮色走过千回。

2009.7

二

我隐在幽秘的壳内，

我安安静静地独处。

火焰、尘光、碎片，

岁月所抚弄的一切。
我走过羞愧和自责，
我挖掘更多空间。
风吹来，星星从
我身后升起。

2011.7

卡 夫 卡

迷宫，深入扩展的心。

跳动与偶然。旋梯和回廊。

阳台上开阔的视野。

遥远巨型的力。

茫茫人潮不可超越。

卑微心灵的异化，

甲虫、地洞、城堡。

这世界有缠绕的梦，

消磨的梦，不可触及的梦。

一条路是灰白消失的带子。

2009.9

索德格朗

你像鸢尾花一般沉默，
深蓝色、隐藏的话语。
你像湖泊一样明净，
春天的光，在里面消融。
你听枞树上风的脚步，
你看蓝天上洁白的云朵；
你想到最美、最轻盈的
字句，然后消失……

2011.7

小 诗 人

他写了这样多。

字句飞走了，

像小鸟飞翔。

他茫然忘记。

门前一片草地。

白色雕像上

湛晴的天。

2011.7

果 戈 理

贪恋。
我想到
一个词。
这悲喜剧的
人生。泪
与笑。
这土地、城镇、
乡村。
远离我的
树木、山。
冬天开始
封冻的大海。
这爱与纠缠。
带刺的、
紧紧相拥的
条干。

2013.12

伊 莱 娜

——法兰西组曲

像丁香叶一样

味苦。

像泪水

一样咸涩。

从容、淡定、明澈。

生活一次次

激荡。

生活从另一方面

包抄。

你因经历

而完满。

你撕开赤裸裸

现实——

最后的勇气、

爱、珍宝。

2014.7

诗　人

我被
无垠的空间包围。
呐喊
被无垠的沉默包围。
我的存在，
是唯一的空缺。

2013.3

写最美的诗

一

望望远山，
望望路，高高的
白杨树，
垂柳让我缱绻
难忘。
孤单地望望
就知足。
无人从此经过。
我却爱整个世界。

二

我写世上
最美的诗。
我撕碎心中
最悲伤的柔软。
一点点抹掉。
我自身便是路，
田野，树木，云。
我来了
注定归去。

2024.3

乡野的风

一

容纳一片宁谧的天空，
在池沼幽碧、恬淡的脸上。
任凭荷叶钻出水面，
滚动银灰色的珍珠；
任凭水蜘蛛悄然游走，
青蛙扑通一声跳入。
在熟稔的、难忘的晨昏，
它静享霞光绽放、熔金，
静享灌木丛鸟儿的欢啼、
沉寂，与月季清幽的芬芳。
当有星星的夜晚，
夜色和苍穹将它覆盖；
它又看到模糊闪烁的爱，
怎样在怀中黯然睡去。

2007.5

二

我执着地热爱夏季。
爱灼热的天、乌沉的云；

爱闪电雷霆的刺目雄浑，

顷刻撕裂的暴雨的胸怀；

爱树木莽莽葱葱，野草

遮没路径，葛藤疯长、纠结——

它们融成一片光亮之海，

绿色奇绝的火焰翻腾。

我穿过条条街巷，房屋寂然，

感受强劲跃动的脉搏；

我听到蝉濒于力竭的嘶声，

见过寥廓郊野，夕阳在那里

融成一片壮丽辉煌。

我执着地热爱夏季，

它饱蕴激情，可以不朽。

2007.5

三

我一直在等待——

看过天空阴晴变幻的脸，

花园里绿葱葱，托起红色花朵；

看过夏季带电的胸怀，

变为果浆，秋天流溢的欲望。

在萧索的冬季，冰雪封盖，

死寂的躯干，死寂的河。

我一直在等待——

等希望厌倦于它的绝望。

我们在大地上永远寻觅，
永远回归。寻觅阳光，
寻觅花与鸟。爱不会离去。

2008.1

四

我想长久停留，在那儿。
绿葱葱的草，红艳艳的花；
雨水，阳光，柳树荫
鸟儿不朽的啼鸣。
我触摸水刷石的廊檐、门柱。
我梦到大木橱、厚板床。
我看见两千几个日子
从窗前飞逝。青春赋给翅膀，
青春永驻，我从未失去。

2010.1

五

最终我会回去。
修补竹篱笆，让豆角攀行。
在低矮的院墙旁伫立，
绿荫洒落我的身。
我修剪球形花；

它细碎的花簇，

引得蜜蜂嗡嗡。

我会坐在阶上，

静静想，静静凝望。

我忘记歌唱，如何表达：

文字本身没有力量。

我爱天空蓝色的明镜，

我喜欢水，葱茏的平原。

2010.4

六

下午，楼层之间的

阴影，在楼洞终结。

菜畦里漾起阳光。

风吹过篱笆——

架起的芸豆

微微拂动。

没有更长远的慰藉，

没有一条路

引向街市。

季节消融，

美，在这里荒废。

2011.3

七

麦子熟了。
夏季的雨水充足，
阳光爆裂。
夏季柳树荫
遮盖泥砖墙的瓦舍。
麦子熟了。
布谷鸟整日叫，
云整日飘，
我整日想。

2011.3

八

我想我会失去
两条河流，一个村庄；
晨昏静谧的葡萄园，
麻雀
从遮阳网上飞掠。
我会失去田地、机房，
五月金澄澄的麦，
八月疯长的、
葱葱郁郁的玉米。
我在枯索的阳台伫立。

我去发白的
水泥路行走。
蓝色厂区。日日夜夜
发散的光。被烟尘
埋没的梦。

2012.6

锋　刃

一

我穿越黄昏的期待，夜的
梦魇，黎明平静的喘息、瞩望；
我追逐又未得到幸福。
我背离人间的正道，
幻想和记忆将我囚困。
艺术是水晶，是朝霞，
对现实是崩折的锋刃。
森林与大地辽阔，我思念，
萦绕不休、飘荡的梦……
荣誉离我遥远，如父辈们
期盼，为颜面增光添彩。
我没能变得干练、勇敢，
未夺得现实一块块阵地。
岁月流逝，我刻不下痕迹，
寻不到自己的声音……
巨大的阴影，巨大的火，
彻底的心灵，犹豫未决的行动。

2009.9

二

我如复印机

刻板地生活。

我翻转日子，

一页页浪涛——

我不比其他人

漂行更远。

我忘记你的名字，

忘记玫瑰，

忘记我可以

温柔地爆发，

明亮地绽放。

我渐渐把自尊

当作硬壳。

我消磨所有残迹、

碎片。

记忆有不可

打捞的东西，

记忆是

空幻的网。

我静静地独处。

我飞快地奔腾。

我不比任何人

运转得更好。

2013.1

三

幽暗的回廊。
人声嘈杂、
散去。
乌沉沉的云
布满天空。
落雨。
黄昏被夜晚
覆盖。
我穿过哪些
街巷?
遮雨棚。灯火。
雨水冲掉
模糊的面庞。
房屋和城镇
消失。
昏暗有无边的
轮廓。
我从未走出。
我紧缩着听雨,
安宁。

2013.12

四

我和栾树，
木槿丛，
小侧柏
一起等待。
昏沉而寂静。
黎明，裹纱布
缠绕的伤。

2017.3

火的雕刻

一

这黑暗的孤独的，
我什么也不怕。
我广阔、平静的眼睛。
秋天的平原
因过度饱满而死。

二

荚果薄薄的
翅膀。
栾树它
飞行的家园。
烈风抖落的欢愉。
高架桥沉沉地
占据百年。

三

陨石这天外的
世界，

焊接在大地心中。
千年前它飞驰、
灼烧自己的年轻。

四

石头的裂缝
愈合了。
铁的裂缝愈合了。
没有什么是艰难的，
没有什么是
痛苦的。
风磨灭你火的雕刻，
火的伤疤。

五

天地人，
然后是心。
你冷冷、
平静的一瞥。
你满满、
跌落的海洋。

2022.6

冬　天

一

群鸟飞没了。
功过千秋。
生活在我身边，
生活凛凛的长路。
冬季冷冷的盔。
我遗落的城堡。

二

深深地陷入，
深深包裹。
我是那万里跌宕，
碎石开花的春天。
我更孤寂的饱满，
生命。

三

白果树冷冷的，
清瘦的，秃裸的。

白果树将一身黄甲
抛落秋天。

四

冬季的火焰是冷寂，
苍白。
冬季熔深深的石
在梦里。
雪花爆裂的纷繁，
岩浆的荒废。

五

长久是无语的天空，
沉寂的大地，
是一场一场
鼓动的雪，
碎裂的冬季。

六

你是遥远的想，
冬天冰冷的手指
描画。
颤抖的，卑微的，
梦幻的。

你春天呼啸而过。
你静静的鸟语
花香。

七

明天起身走了，
万里天地。
灵魂的屋宇。
我沙沙的翅膀
拂落冬天。

八

我只想要大大的、
暖暖的阳台。
一切纷飞、离去。
我看冬天
萧索下去，
孤寂下去，
清空自己。
我看那光亮
无忌惮地飞行。

九

我的心柔软了，

包裹明天。
我是所有
可遗弃的昨天，
可忍受的现在。

十

我咀嚼沙，吞咽。
我虚耗默默
流年。
我用不切实际
搅弄我一生。

十一

鲜果的姑娘，
小玫瑰的姑娘，
夏天的光阴，
莹白的街道。
火焰炽烈于灰烬、
无形。

十二

想
那天长地久。
脆弱的风烛。

想，
还是爱填满的
滚滚江河。

2021.11

浮尘，大海

一

朝霞会陪伴我，

黎明会陪伴我。

无尽的春，

绵绵夏日。

你其实一次青青，

一个少女

推开的门扇，

开向世界：

短暂是可以的，

万年长久是可以的，

狂烈、稀薄

是可以的，

星辰、大海、

浮尘是可以的。

2022.1

二

一切美好

都不可重来。

光的影子。

寂静的、

冬天的街道。

一朵微笑

飘浮的空气。

太阳缓缓走入

孤独的城市。

2022.1

三

春风里，

你就年轻了。

十里长绿，

桃花梦里，

海棠花梦里，

你就年轻了。

衰败的是枯黄、

冬日，

神仙爱的

是今朝。

2022.2

茵尼斯弗利岛

一

到遥远的地方，
到老。
我沉寂了
时间。
我绚烂了孤独。

二

要去茵尼斯弗利岛，
要全部孤单
和丰盈。
夏天栖居你心中。
黑夜闪亮的丝绒。
白昼和黄昏
一片宁寂的白光。

三

像美好一样孤独。
像心

一样远。

四

在阳光下，
只是一片石，
一颗灼破的心，
一个泡沫凌乱的
夏天。
像赤子一样忠诚，
像爱情一样失去，
像风、大地一样
永久。

2022.6

五

我穷尽的
是我达到的吗？
我痴心爱的
是尽处吗？
那天和地
等它们的衰老吗？

2022.8

想要的幸福

一

秋雨过去，
我只相信风，
亮亮的秋阳。
我想你在村庄的
梦里，大地的梦里。
门前淡紫色的
薄荷花，凋落的木槿。
我拥抱你是纯白的，
摇曳的，无限。

二

风绕过来。
风是你轻轻的
脚步。
风绕过街角、老槐树、
豆角丛。
老房子痴痴向往
它的年轻。

三

明天是洗净的
鲜橙、饱浆的苹果。
柔软消散的、
金粉的薄雾。
明天你甜甜的，
这安详的城镇。

四

我想要的幸福。
缓缓的林荫道。
风摇落金黄的、
紫红的
树木的静。
我在一把长椅上
看，学会接纳秋天，
或被秋天接纳。
整个大地涌起来，
铺展它的边界。

2022.8

万千相逢

一

我坐在橘子里枯干。
宇宙枯干的
闪电。
一滴露可以活。
娇艳花朵的
抖动。
一次向往是
滚滚未来。

二

才华淹没在
尘土里。
季节，你心做的
壳。
绿是朝阳，
吻是夏天。
破落和挥洒
是最后的完满。

三

生活还没有

开始，

亮丽地开始，

真正开始。

一双眼睛

皎皎的长夜。

一个灵魂

通透水晶。

生活还没有摇动我，

抚醒我，

温暖、饱足，

怯怯地笑。

生活一路奔赴，

我抛掉的

蹩脚的文字。

四

一条路就可以。

一片荒凉的灌丛

就可以。

一个湖清冷的，

一面天空就可以。

我拥一个城市

在心中。
我拥万千相逢，
你，在心中。

五

远方冷寂的火，
奔腾、梦的大地。
远方我捻碎微小，
捻碎冬天，
蓬勃一个
风暴的春天。

六

村庄掩埋我的陈旧，
粗陋的忧伤，
虚空的衰败。
我愿是年轻的城市，
喷薄的明天。
生命刻进血，
活力划入时代。

2021.12

有一瞬间

一

一棵大榆树。
我们
站在下面微笑。
树顶的风声
被阻断，
树顶的浪涛终止。
一瞬间的梦幻。
夕阳，
金色的瀑布，
照亮我们全身。

二

一瞬间的光、
歌，消逝，
接下来是黑暗。
一瞬间的宁静，
淹没于空阔、
喧腾的大海。
而我们接受全部。

2011.5

三

此刻可以

静静想，

静静地舒展，

轻轻走动。

不去打扰

任何人，任何事，

不被它们打扰。

天气日渐寒冷，

房间日益亲切。

再几天，雪，

清冷的冰凌，

在枯叶上闪光。

此刻可以

拥抱，思念；

一团温暖的火。

想到遥远、

温存的别离，

想到那可以

接近的东西。

那时多么迟滞、呆，

那时多么幸福。

2011.12

时间的篷帐

一

硕大的星星，
穿过
时间的篷帐。
你在暗影里
蜷缩。
你在移动的光里
变薄。
秋天之风，
会将你吹走。
秋天，渐深的秋声，
你在其中隐藏。

二

在某个地方哭。
浓重的湿雾里
隐灭。

在某个地方，
秋，伸展。

金灿的光。
红润的果。

在某个地方，
不会被风吹走，
不会变作
岩石。

2012.9

三

没有什么
不期而至。
长久如此。
心沉寂得
像大地的时间。

2013.8

四

我不明晓
我的思想。
我不明晓
我自己。
我也不明晓
自然。这些平原、

河沟、树木。

有风吹过，

有雨罩临。

有四季的阳光

哺育它们。

从葱绿变为金黄，

从金黄

变为更新的葱绿。

我只是爱它们。

只有自然

才会永久。

我只是想

忘掉自己。

2013.9

五

你或许会

完全隐没。

那棵树

曾经在那儿。

那棵柳树。

七月阳光下

燃烧的蓟丛。

雨水抹掉

窗外的风景。

你或许会
下陷。畏缩，
模糊，破碎。
这躲避孤独
更好的方式。
这躲避空虚
更好的方式。
你安详地
听风，安详地
听雨。
草木固执地
生长，吐绿，
衰败。
它们强过
自己的命运。

六

是我的心，
或我的思想，
飘得远远。
接近草原，
开敞的风，
天空，云朵。
日光燃烧在
草地边缘。
日光燃烧在

我身上。
我等待
寂静光临。
从生命里，
我倾倒
许多东西。
我渴望倾倒。
炽热而平静的
忧伤。炽热的爱。
不再斑斓的记忆。
我漫无目的地
行走。
我在意念中，
更多次
这样行走。
经过高坡、
低地。太阳之手，
拂过高草丛。
轻盈的闪光
和绿影。
在某个地方，
我让思想赤裸。
它更好地生长，
更好地汲取。
我的心
开始充盈。
充盈得仿佛

容下整个自然。

七

我不再爱
终将消失的东西。
我不爱花、树叶，
七月斑斓的
蝴蝶。
当秋日凋零，
冬天用冰雪
封冻一切。
我相信这大地上
存留的事物。
荒凉的村庄。
寂静的城镇。
广袤原野上，
白色凝冻的
火焰。
现在是赐予。
失掉希望，
失掉温暖和
梦想，
现在仍是
赐予。

2013.12

光的纸页

一

走在一个声音里，
寻找。遗忘是罪过，
消逝不称之为美。
寻找，做梦，
追求颜色，笑。
日子像大鸟飞过，
太阳像眼睛炽热；
星星，夜忠实的儿女，
排成行列行进。

2010

二

我们待在
很大的开阔地，
我们待在高冈。
我们为自己的暴露
而羞愧。
我们自己
不够强大。

2013.1

三

我用一整天的时间
阅读。
我穿过词语的空隙
成长。
整个白昼
平静下来。
一艘白色的航船
驶向大海。

四

而有光
被摧毁了。
而有黑暗
被摧毁了。
我们轮流驻足，
前进
如一支舰队。

2013.2

五

石头有时死去。

石头有时
变得灼热。
树木孤独时，
赤裸着
走向荒原。

2013.4

六

我目见闪电的
死亡。
我埋葬爱情。

2013.7

第三辑 安静地爱这个世界

无处安放的

一

雨落在
全世界的悲伤上面。

二

你消亡的，
爱情无处安放的
宇宙。

三

你悲凉着笑。
你孤寂着欢腾。
一生幸福深藏。

2024.2

风 之 旅

一

我坐在
云彩中。
我坐在花、
音乐的海洋。
喜悦。
我有一天，
要埋没自己。

二

你想到
落叶纷纷。
你沿长长的街道
行走。
空房间的孤寂。
鸟儿的飞离。
你想到
湮没的山道，
漫山红果。
你的心
凋零、欣喜。

2013.9

短　章

一

要轻轻地、安静地，
全世界
藏于心中。
要飞纵地、爆裂地，
更长久地
注入大地。

二

有时，世界安置我一片
叶上，一朵花上。
天开阔的一切。
大地
开阔的一切。
蜜蜂嗡嗡鸣的
寂静。

三

眼睛是清冷的，

露是清冷的，
秋天是清冷的。
平原、道路
空旷。
纷纷叶
卷入无数狂暴。
劲风吹透荒凉。

四

如果可以爱，
更狂野，更长久，
我忘记书写。
狂风扫荡秋天。
漫漫白雪
拂过天际。

2023.11

明 天

一

想一直
爱下去。
直到花
凋落，
瘠薄的河床
枯干。
秋色在新一轮
西风下，变衰颓。
想继续去爱。
可以，或太迟。
冷峭的霜
遮盖大地。
我仍想去上面
行走。

2013.11

二

有一天，风清除

这里的一切。
枯叶，尘灰。
为记忆挂留的、
犹犹豫豫的
浮丝。
就只剩下房舍、
窗、街道。
我看天
伸展得多远。
冬日的太阳
有多清朗。
雪未将它
埋没之前。

2013.12

三

山坡上
纤薄的云。
满树苹果花
照亮我的心灵。
然后我
整夜想。
白日飘浮而去。
冬天，我在空大、
静寂的房间里，

整夜想。
青春还没有
离我而去。

四

梨花满树。
粉红色、
榆叶梅的
茎秆。
忘记城镇。
忘记街道的
延展。
一切是
移动的云。

2014.3

五

你的心碎了，
仍然完整。
你哭泣，
还会笑。

2014.4

幽　寂

一

有时，
离别是更好的开始。

二

有时，寂静在唱歌，
它想忘掉
寂寞。

三

彻彻底底，
毅然决然，
有时我喜欢
这样的词句。

四

音乐和歌声，
然后一切幽寂，幽寂。

你所寻的
通达的路?

五

看这场独舞吗?
它自身会倦怠。

六

歌唱比叫喊,
比不幸
更有力量。

七

可能从
最底层、
最底层的深渊
凝视。

八

时序轮转。
什么
更快地席卷我们?

九

你心中有
庞大的帝国，
庞大的梦想。
你自身如蝼蚁
爬过世间。

十

独自游荡的地方，
不要再去。
那时你并未
真正孤独。

十一

你歌唱的
那个秋天，
离别，
不是它本真的模样。

十二

千头万绪，
像雪，

像纷落的叶。
一股劲风
无法吹透。

十三

最远的地方
和此处一样。
人生重来，
如此生一样。

十四

奔驰的惊雷，
夏天，
狂暴雨。
我在枯寂的冬天里，
想。

十五

一半是记忆，
一半是将来。
或许，全部是现在。

十六

梨树
善于等待。
梨花
善于爆发。

十七

无所爱，
无所不爱。
十里春风
盲目的情怀。

十八

春天时，
我只歌唱
春天。
我忘记
其他。

十九

我有
更爱你的时辰。

我最思念你的
时辰。
我未等到
这个时辰。

二十

春天里，
一切会绽开，
一切会离去。
它们爱
与分别的方式不同。

二十一

世事如转蓬。
我的心，
却未真正
如风。

二十二

以更好的方式
爱。
以更大的勇气，
更小的骄傲
爱。

二十三

我从深渊
凝望。
我从深渊
挣脱的目光。

二十四

倚靠在风中，
你是
光吗？

2018.12

悲凉岁月

一

我用更长的时间
爱。
我用更长的时间
想念。
我埋葬自己。
幸福
埋葬我。

2015.5

二

时间枯朽。
时间滋荣。

三

蔷薇花凋落了，
还会再开。
月季凋落了，

还会再开。
心凋落了，
这个秋天。

2017.8

四

生活是
冷酷无情的吗？
雪花。
生活是泥浆
和腐叶吗？
再一次相遇、离别，
离别又
相遇。

五

一片乌云飘过。
又一片乌云
更快速地
飘移。
我安然、幸福。
雷暴雨。
我拥有雷暴雨，
更拥有爱情。

更明亮的眼睛
闪烁。
更年轻的爱情。

六

还会去爱吗？爱
会长久吗？
时间会破碎、
迷离，
如同破碎、
迷离的心？
还会回忆吗？
甜蜜而痛苦。
会遗忘吗？
再次去爱。
那样短暂、年轻，
飘逝的爱。
爱会长久吗？

七

我没有把她
爱更长久。
一阵雨云消失。
我拥有光亮的
日子。

我孤单拥有

那些光亮的日子。

我使它们

黯淡或光亮。

2018.10

八

悲凉岁月

的歌。

冷露、湿雾的歌。

石头、铁锈味的歌。

青灰色

柏路的歌。

芦苇的歌。

瑟瑟、枯黄的歌。

鸟飞离、冰封的歌。

大雪、村庄的歌。

长过长街的

歌。

未被击垮、

浮埃的歌。

黑夜的歌。

春天爆裂的歌。

胆怯、

绿色的歌。

风驰电骋的歌。

一千种

复活的歌。

响亮、

无尘的歌。

2018.11

我和黎明

一

我和黎明
隔了一场雨。
我和明天，
隔了一个黎明。
童年远去。
村庄、道路。
我和故乡，
隔了另一种人生。

2019.3

二

长河激荡，
我们瞬间
飞纵的花。

2019.4

三

白色道路。白光

怯怯。
绿色波澜。
忘怀于一种
寂寂。
树木、风，
磅礴的凝滞。
一条河奔过
整个夏天。

2019.5

四

一切可能
磨灭。
一切过晚。
生命长出自我。
爱、孤独、
梦、死亡。
一切分散、
凝聚。
一切飘荡。
炽烈之火，
如烟浮沉。

2020.1

五

黄河远去了。
麦地清凌凌的。
夏天吞咽自己的
欲望。
过度饱满
而孤独。

六

在阴影里救赎。
重重白杨叶
遮蔽的蓝天。
在安静里缓缓，
缓缓舒展。
温柔想暴露于
整个旷野之上。

2021.6

化作一场暴雨离去

一

我化作一场暴雨
离去。
我化作一点烟、
一点火离去。
飘落一地的，
曾摧残全部狂暴
和不朽。

二

多少日，
多少分分、秒秒，
是空的。
沉寂的、荒凉的，
心。
多少狂热
爆碎礁石。

2023.10

此刻之外

一

文字雨
落在我身上。
文字川流而过。
岁月空幻的，
充盈的。
世界在一场雷暴雨，
一场阳光，
一场枯白之间。

二

拥抱一个个幻想
去爱。
一个个填满春天。
平原、街道、城市。
我一千年作灰，
一千年作雨，
又一千年
作光。

三

原本如此。
长久如此。
空旷的
荒寂了。
奔驰的
停歇了。
秋天遏住
火热的夏天。
白雪纷纷，
埋没大地。

2024.1

穿过隧道做梦

我穿过隧道做梦。

我在大地上

荒芜。

天一般高，

风一样空荡。

我敲碎昨日的，

痛苦短暂的。

生命宏大。

快乐永续。

2023.10

水仙花的天空

那些街道

和我一起成长，

一起沉埋。

记忆中的少女。

水仙花的天空。

我愿无限等，

无限想望。

风把我磨碎。

雨滴穿无数

夏天。

2024.1

完整的幸福

一

春天飘过来。
心
飘走了。
没人关注我如此孤独，
如此爱，
如此幸福。
茫茫大地的时间。
生长光，生长雨，
生长路。

二

多久了，我只是想，
只是等待。
完整和破碎合一，
绿光和暴雨合一，
今日和明日
合一。

三

想完整的幸福，
白杨树的幸福，
樱桃花、海棠花的
幸福。
欢欣而宁静了，
狂暴而安详了。
怀抱爱情
无限流逝。

四

宇宙宏大
是遥远的。
太阳甜甜的。
那我在幸福里
安谧的、无惧的。
泥土的血肉。
青草的眼睛。
蝉蜕的光。

五

风飘走
我的明天。

风播撒一切。
我在二月里，
三月里，四月里
荒芜了。
我挥霍了漫漫
时间，
满满幸福。

2024.2

第三辑 安静地爱这个世界

倾尽所有

一

一切时间，
风，光华绚烂，
都可从指间滑过。
巨大的
如此轻。
浓稠的
悄悄散去。
树长成云朵。
大地托起天空。
你可以倾尽
所有，
也可以一无所是。

2024.2

二

有时大海空了，
生命空了，
无从填满。

那过眼云烟的
幸福。
有时飘飘荡荡，
你微小地看，
微小地听，
世间一切美好
留存。
风暴之下的清流。
静谧得如同远方，
如同三月，
你享尽一切光华，
又一无所取。

三

无所惧的，
无所遗憾。
千万个日子奔赴，
奔赴到海。
千万日子幽寂成
你微小、微小的心。
蓬勃的城市，
荒寂的大地。

2024.3

诗歌不败，人生幸福

（代跋）

一条河奔流到中途，一个夏天，也快流失它的一半。我想用这本诗集，不算十分成熟的一本小书，赠给自己的青春，自己的前半生。感谢诗歌一直陪伴我左右。读书、感想、写作，与开阔、光明、充盈密不可分。虽然其间种种遭际，悲欢离合，我错过人生许多方面。

为什么写作？诗歌能真正带给我们什么？我感觉诗歌第一要唤起人们善良、美好的感触，对生活和未来的向往；第二就是宽解和救赎，与自己宽解，与生活宽解，在忧郁迷惘时能有所感悟，不致走得太远太偏离。世界是物质的，但有时文明和艺术又是维系的血脉。

诗歌是自由的、灵动的，像树的生长、花的开放，像四季流转。一切源于自己的心境、情怀，长期生活和阅读的积淀。写不出时决不刻意穿凿，写作一定真诚、投入，无论欢喜忧伤，都给人热情和力。静静等，等风来，等河流与海浪涌起来。

语言我喜欢凝练、隽永、明净的。晦涩并不全是高深，意象过多繁复也并不一定是美。用最简洁的语言，表达最真、最幽远的，才是最好的。

生活或许是艰难的，诗人有时也不大为时人所了解，但正因为内心的孤独、失落，对幸福、美好的渴望愈加强烈。诗人写诗时是孤独的，诗歌有时也可能忧伤、痛苦，但写诗是快乐的。诗歌一旦写出，便不再孤独；它具有自己的生命，去接受人们的感动、漠然或鄙夷。

书的末尾写几点感想，有的或许是老生常谈。希望诗歌带给我们快乐和释然、勇气和洒脱，使我们在喧嚣的尘世保留一份泰然。诗歌不败，人生幸福！

张　珂

2024 年 3 月于淄博

诗歌不败，人生幸福（代跋）

图书在版编目（CIP）数据

尘落在大海上 / 张珂著. -- 武汉：长江文艺出版
社， 2024.11
ISBN 978-7-5702-3478-3

Ⅰ. ①尘… Ⅱ. ①张… Ⅲ. ①诗集－中国－当代
Ⅳ. ①I227

中国国家版本馆 CIP 数据核字（2024）第 006002 号

尘落在大海上
CHEN LUO ZAI DAHAI SHANG

责任编辑：胡　璇　　　　　　　　责任校对：程华清
装帧设计：绿风文化　　　　　　　责任印制：邱　莉　　王光兴

出版：长江出版传媒｜长江文艺出版社
地址：武汉市雄楚大街 268 号　　　邮编：430070
发行：长江文艺出版社
http://www.cjlap.com
印刷：湖北恒泰印务有限公司

开本：700 毫米×1000 毫米　　1/16　　印张：28.75
版次：2024 年 11 月第 1 版　　　2024 年 11 月第 1 次印刷
行数：10984 行

定价：68.00 元

版权所有，盗版必究（举报电话：027—87679308　　87679310）
（图书出现印装问题，本社负责调换）